Mit dem Zug durch Europa

Backpacking für Einsteiger

Julian Trometer

ISBN: 9798628783139

Vorwort

Du möchtest die Welt entdecken, sitzt aber ungerne stundenlang im Flugzeug oder magst es nicht, im Stau zu stecken? Dann ist dieses Buch genau das richtige für dich. Es ist für all die geschrieben, die auf eine entspannte Art und Weise reisen wollen, nämlich mit dem Zug.

Ein häufiger Grund, warum viele Menschen zögern, auf Reisen zu gehen, ist die Angst vor dem Ungewissen. Das ist sehr schade, denn hast du den ersten Schritt gewagt, warten unzählige Abenteuer und spannende Erfahrungen auf dich.

In diesem Buch gibt es deshalb eine ganze Menge an Informationen über Zugreisen, Europa und den Interrail-Pass. Das Buch dient dir als Entscheidungshilfe für deine Reiseplanung und zur detaillierten Planung deiner Route. Deine Fragen werden beantwortet und mit den Erfahrungen von anderen Reisenden ergänzt.

Ich möchte dir keineswegs vorschreiben, was du tun sollst, sondern dir vielmehr zeigen, was alles möglich ist. Die Vision dahinter ist es, dich zu inspirieren, dir Mut zu machen und dir ein unvergessliches Erlebnis zu ermöglichen.

Julian Trometer

Inhaltsverzeichnis

1. Einleitung

Über den Autor

In den ersten Semesterferien meines Studiums habe ich mich dazu entschlossen, eine Interrail-Tour auszuprobieren. Mit etwas Skepsis machte ich mich damals auf den Weg zum Bahnhof. Lohnt sich eine Reise durch Europa überhaupt? Ich bin schon oft deutschlandweit Zug gefahren, was soll mich also noch erwarten? Erwartet hat mich das bis dahin größte Abenteuer meines Lebens, obwohl ich zu dem Zeitpunkt schon viel von der Welt gesehen hatte.

Das Foto enstand bei einer Reise durch Rumänien.

Mit 21 habe ich mich für ein Jahr Work &Travel in Australien entschieden. Das war meine erste Erfahrung allein in der großen Welt und zwar weit weg von Zuhause. Für mich zu diesem Zeitpunkt ein Erlebnis und etwas, was ich nicht missen möchte. Während dieser Reise habe ich schnell gemerkt, dass Australien gar nicht so spektakulär ist, wie immer alle behauptet haben. Klar, einen Koala hautnah zu sehen oder auf dem Campingplatz Kängurus zu begegnen ist wahnsinnig schön, aber nur weil es neu und unbekannt ist. Australier lieben beispielsweise Europa, da es für sie der entfernte, unbekannte Kontinent ist. Während dieser Reise haben mir unzählige Reisende aus der ganzen Welt erzählt, wie schön Europa ist und wie glücklich ich mich doch schätzen könnte, so eine kulturelle Vielfalt auf so kleinem Raum zu haben.

Irgendwann wurde mir dann klar, dass ich die Reise nur gemacht habe, weil viele vor mir bereits dort waren und davon berichtet haben. Von Europa hingegen habe ich nicht sonderlich viel gesehen und kannte die meisten Reiseziele nicht, da darüber vergleichsweise selten berichtet wird. Deshalb hatte ich auch die ganze Zeit nur Australien im Kopf und keine einzige Alternative. Für ein Abenteuer ist kein fernes Reiseziel notwendig, denn Abenteuer warten überall.

Das Foto entstand bei einer Zugreise nach Malmö.

Seitdem mir das klar geworden ist, reise ich regelmäßig mit dem Zug durch Europa und erkunde Städte, wandere in der Natur oder unternehme andere Aktivitäten. Bei diesen Abenteuern sind mir die unterschiedlichsten Menschen begegnet und ich konnte die Vielfalt von Europa kennenlernen. Auf meinem Reiseblog habe ich bereits viel über Backpacking und Interrail geschrieben und mir daraufhin vorgenommen, ein Buch zu veröffentlichen. Ich möchte dich damit inspirieren, dir Mut machen und dir ein unvergessliches Erlebnis ermöglichen.

Warum mit dem Zug reisen?

Europa hat ein ausgezeichnetes Schienennetz und die Züge fahren stündlich in alle Himmelsrichtungen los. Mit dem richtigen Ticket kannst du dabei fast alle Züge nutzen und ganz flexibel durch Europa reisen. Mit dem Zug zu reisen, ist der schönste Weg Europa zu erkunden und dabei Abenteuer zu erleben. Während andere in weit entfernte Länder reisen, viel Geld für den Flug zahlen, um das ultimative Reiseerlebnis zu finden, übersehen sie häufig die atemberaubende Schönheit Europas direkt vor ihrer eigenen Tür.

- Du lernst Reisende aus der ganzen Welt kennen.
- Du entdeckst neue, spannende Orte in Europa.
- Du sparst viel Geld, da Europa günstig ist.
- Du reist nachhaltiger und schonst deine Umwelt.
- Du erlebst unvergessliche Abenteuer.

Das Abenteuer wartet!

Ich hatte vor meiner ersten langen Reise eine große Unsicherheit in mir. Zum einen bin ich allein gereist und zum anderen nach Australien, mehrere tausend Kilometer von Zuhause entfernt. Die Unsicherheit war so groß, dass ich mehrfach daran gedacht habe, die Reise vielleicht doch nicht anzutreten. Zum Glück habe ich mich aber dagegen entschieden. Gleich am ersten Tag habe ich andere Backpacker kennengelernt, denen es genau so wie mir ging. Alle haben dasselbe durchgemacht und sich dann glücklicherweise doch für das Reisen entschieden. Bereits nach der ersten Woche waren das Allein-Reisen, die vielen neuen Bekanntschaften und unterschiedlichen Gegebenheiten normal für mich geworden.

Heute blicke ich auf die vielen kleinen und großen Erlebnisse zurück und wie ich dadurch gewachsen bin. Mein Horizont hat sich enorm erweitert, sodass ich jederzeit eine Reise ohne große Vorplanung machen kann und keine Angst oder Ungewissheit spüre. Ich traue mir auch deutlich mehr zu und plane nicht schon Monate vorher mögliche Probleme ein. Stattdessen starte ich direkt durch und nutze alle Chancen, die mir auf meinen Reisen geboten werden. Das Gleiche kannst du auch. Du musst dich nur trauen! Bereits Perikles, einer der führenden Staatsmänner Athens, hat im 5. Jahrhundert v. Chr. gesagt: *„Das Geheimnis des Glücks ist die Freiheit, und das Geheimnis der Freiheit ist der Mut."*

Was, wenn mir Interrail nicht gefällt?

Sollte dir das Reisen an sich keinen Spaß machen oder dir Interrail nicht gefallen, kannst du jederzeit zurückfahren. Du bist nicht weit entfernt und auch an nichts und niemanden gebunden. Der Interrail-Pass ist flexibel und somit kannst du jederzeit deine Reise beenden. Im schlimmsten Fall lässt du die restlichen Tage auf deinem Interrail-Pass verfallen. Mehr verlierst du nicht, ganz im Gegenteil, du gewinnst eine weitere Erfahrung dazu. Dann weißt du, dass Reisen beziehungsweise Interrail nicht das Richtige für dich ist. Hättest du dich hingegen nie auf die Reise gemacht, würdest du noch immer daran denken und dich ärgern, dass du nie losgefahren bist. Bei einer Befragung von Menschen, die im Sterben lagen, haben die meisten Dinge bedauert, die sie nicht ausprobiert haben. Niemand hat bedauert, etwas versucht und dann keinen Gefallen daran gefunden zu haben. Du hast also nichts zu verlieren!

Erfahrungen mit Zugreisen

Interrail gibt es bereits seit 1972 und jährlich nutzen mehrere hunderttausende Menschen den Pass. Die Erfahrungen sind dabei durchweg positiv und viele Reisende berichten von spannenden Erlebnissen in ganz Europa. Aus diesem Grund habe ich Interrailer nach ihren Erfahrungen gefragt und sie hier zusammengetragen. Neben diesen Erfahrungen stelle ich auch die jeweilige Route samt Tipps für die Zugstrecken vor.

„In einen Zug zu steigen und zu wissen, dass eine dir unentdeckte Stadt auf dich wartet ist ein unbeschreibliches Gefühl."
Paul

„Interrail macht deinen Traum vom Abenteuer wahr!"
Lisa

„Du lernst Menschen aus der ganzen Welt kennen und wirst die Reisemöglichkeiten in Europa zu schätzen lernen."
Leonie

„Mit Interrail zu reisen bedeutet nicht nur Europa zu entdecken, sondern auch dich selbst von einer anderen Seite kennenzulernen."
Tom

„Selbst, wenn du alleine reist, bist du nie allein."
Amelie

„Durch Europa zu reisen ist einfach die beste Mischung aus Kultur und Abenteuer."
Lena

„Interrail lohnt sich für alle die nach dem Abitur oder Studium eine Auszeit benötigen."
Thilo

„Wir haben unzählige Museen besucht und viele neue Städte erkundet."
Frank & Laura

„Unsere Tour durch Europa war einfach nur genial!"
Nina

Amelies Erfahrungsbericht – Allein unterwegs

Ich habe letztes Jahr im Mai kurz nach meinem 18. Geburtstag eine Interrail-Tour gemacht. Gestartet bin ich allein, aber während der Reise war ich immer mit anderen Backpackern unterwegs. Das war für mich zwar eine neue Erfahrung, aber allein reisen ist absolut kein Problem. In Hostels lernst du sehr schnell Leute für gemeinsame Aktivitäten und Reiserouten kennen.

Reiseroute: Prag > Wien > Salzburg > Venedig > Rom > Florenz > Mailand > Paris > Brügge > Genf > Amsterdam

Unterkünfte: Während der Reise habe ich überwiegend Hostels genutzt und habe zwei Nächte im Nachtzug geschlafen. Einmal von Salzburg nach Venedig und einmal von Mailand nach Paris. Schlafen konnte ich in den Nachtzügen immer super, in den Hostels war es je nach Bettenanzahl schon mal etwas lauter.

Budget: Hostels & Lebensmittel 1.093€ + Interrail-Pass mit Rabatt 333€ + Reservierungskosten 93€ = 1.519€

Highlights: Bei meiner Reise hat mir besonders die märchenhafte Stadt Brügge gefallen. Ansonsten fand ich Paris, Amsterdam und Florenz sehr gut. Ich war in den Städten allerdings nicht zur Hauptsaison.

Das würde ich beim nächsten Mal besser machen: Ein Tagesausflug nach Brüssel war sehr langweilig und nichts im Vergleich zu Brügge. Auch Mailand würde ich nicht nochmal besuchen, da es dort zu touristisch ist.

Tipp: Nutze Nachtzüge, du sparst dir eine Hostelnacht und bist am nächsten Tag schon an einem anderen Ort. Sehr zu empfehlen sind die Strecken von Salzburg nach Venedig und von Mailand nach Paris.

Fazit: Meine Reise durch Europa war ein absoluter Traum und ich würde es jederzeit wieder tun. Meine Erfahrungen als Alleinreisende sind sehr gut. Du musst dir keine Sorgen machen, denn du lernst super schnell andere Reisende kennen. Du startest zwar allein, hast dann aber immer andere Reisende um dich herum.

Thilos Erfahrungsbericht – Städte & Partys

Ich bin Thilo (25) und war mit zwei weiteren Schweizern (23 & 26) einen Monat mit dem Interrail-Ticket unterwegs. Wir durften viele neue Erfahrungen sammeln und haben einige Städte kennengelernt. Gereist sind wir planlos von Tag zu Tag und von Stadt zu Stadt. Die Unterkünfte und Züge haben wir uns immer spontan gesucht. Da wir gerne abends ausgehen, haben wir uns die Partystädte Europas rausgesucht. Nicht nur in den Clubs gibt es ausgezeichnete Partys, sondern auch in dem einen oder anderen Hostel.

Reiseverlauf: Wien > Paris > Barcelona > Berlin > Stockholm > Amsterdam > Wien

Unterkünfte: Couchsurfing, Airbnb & Hostels

Budget: Unterkünfte, Essen & Aktivitäten: 1.322€, Interrail-Pass 301€ & Reservierungen 150€.

Highlights: Untergekommen sind wir fast immer bei Couchsurfern, was sehr spannend und abwechslungsreich ist. Die Zusagen kommen oft recht spontan, dafür lernst du Menschen aus anderen Städten kennen, die den einen oder anderen Insidertipp geben können. Wir konnten durch die verschiedenen Gastgeber die unterschiedlichsten

Viertel kennenlernen. Einen Gastgeber zu finden, der gleich drei Reisende aufnimmt, ist zwar nicht gerade leicht, aber möglich. Das Gute an Couchsurfing ist, dass du viel Geld sparst und Leute aus der Stadt kennenlernst, die selbst gerne Reisen.

Das würde ich beim nächsten Mal besser machen: Ich würde Reservierungen rechtzeitig buchen, denn viele Strecken auf meiner Route waren reservierungspflichtig. Wir haben meist spontan gebucht und deshalb fast 150€ ausgegeben. Hast du keine Reservierung, musst du entweder teuer nachzahlen oder der Schaffner setzt dich an der nächsten Station raus. Ein Schaffner in Wien hat uns erwischt, aber glückicherweise eine Ausnahme gemacht.

Tipp: Reise lieber kürzere Strecken mit dem Zug, weil du da mehr von hast. Wir sind öfters bis zu 15h Zug gefahren und einmal sogar fast 26h von Barcelona nach Berlin. Das ist sehr anstrengend und du kommst schnell an deine Grenzen.

Fazit: Es hat uns sehr gut gefallen. Wir haben viele Couchsurfer kennengelernt und einige gute Partys miterlebt. Interrail lohnt sich für alle, die nach dem Abitur oder Studium eine Auszeit benötigen.

Rubens Erfahrungsbericht – Interrail[2]

Ich komme aus den Niederlanden und ich bin bereits zweimal mit Interrail durch Europa gereist. Das Gute an Interrail ist, dass du ohne viel Vorbereitung in jede Stadt reisen kannst und weiterfährst, wenn du genug davon hast. Manchmal ist es zwar schwierig den geeigneten Zug zu finden, aber das macht auch irgendwie das Abenteuer aus. Die erste Reise haben wir zu zweit gemacht und die zweite habe ich dann allein unternommen. Allein reisen macht viel mehr Spaß, aber zu zweit ist es entspannter, da du im Zug immer jemanden dabei hast.

Reiseverlauf: Amsterdam > Prag > Budapest > Košice > Wien > Wörgl > Mailand

Kolín > Košice > Bratislava (via Telgárt) > Holland > Hamburg > Innsbruck > Zürich > Kopenhagen > Malmö > Berlin > Holland

Unterkünfte: Vorwiegend Hostels und ein paar Mal habe ich Couchsurfing genutzt. Beides ist sehr gut, um Reisende kennenzulernen.

Highlights: Nachtzug fahren! In der einen Stadt schläfst du ein und in der nächsten wachst du wieder auf. Die schönste Nachtzug-Erfahrung habe ich von Malmö nach Berlin erlebt. Du kannst abends den

Sonnenuntergang auf hoher See beobachten und bist zum Frühstück in Berlin.

Weitere Highlights meiner Reise waren, das kleine Happy Bull Hostel in Košice sowie die Slowakei und Tschechien. Beide Länder sind sehr schön und zudem noch sehr günstig zu bereisen.

Tipp: Nimm Spielkarten für die Zugfahrten mit, bring Gastgeschenke für deine Couchsurfing Gastgeber mit und „Go with the Flow!"

Fazit: Die letzten zwei Jahre war ich bereits mit Interrail unterwegs und dieses Jahr werde ich meine dritte Reise starten. Aus meinen Erfahrungen kann ich sagen, dass allein reisen Spaß macht, es zu zweit aber angenehmer ist.

Ninas Erfahrungsbericht – Interrail als Gruppe

Vor genau zwei Jahren haben wir eine Reise mit dem Interrail-Ticket durch Belgien, Frankreich, Italien und abschließend Portugal gemacht. Wir waren als dreier Mädels Clique unterwegs und haben in den dreieinhalb Wochen festgestellt, dass Interrail einfach nur genial ist. Genutzt haben wir den 10-Reisetage-Pass und für die Rückfahrt einen Flug, weil uns zuletzt Reisezeit fehlte. Uns hat die Reise sehr gefallen und wir konnten großartige Erfahrungen sammeln.

Reiseverlauf: Liege > Luxemburg > Paris > Venedig > Florenz > Barcelona >Madrid > Lissabon > Lagos > Porto

Highlights: Am besten haben uns Venedig, Madrid und Lissabon gefallen. Portugal ist ein wunderschönes, kostengünstiges Land und vor allem bei Surfern sehr beliebt.

Unterkünfte: Da wir zu dritt waren, war Airbnb die günstigste Übernachtungsmöglichkeit für uns. Fünf Nächte haben wir aber in einem Achtbettzimmer in einem Hostel verbracht und zwei in Nachtzügen.

Budget: Insgesamt haben wir, abgesehen von den Reservierungs- und Ausrüstungskosten, 1260€ für die Reise ausgegeben.

Das würde ich beim nächsten Mal besser machen: Die erste Fahrt mit dem Nachtzug von Paris nach Venedig war eine Katastrophe und wir konnten nicht schlafen. Die zweite Fahrt von Madrid nach Lissabon hingegen war ein Traum und sehr entspannt.

Tipp: Nehmt auf jeden Fall ein paar Euro mehr mit. Wir haben zu wenig Geld eingeplant, da wir in Reiseforen falsche Angaben dazu gefunden haben. Vor allem in den bekannteren Städten wie Paris oder Nizza sind die Unterkünfte und die Verpflegung sehr teuer.

Fazit: Unsere Interrail-Tour war einfach nur genial! Das nächste Mal nehmen wir aber mehr Zeit und Geld mit, weil wir dann mit dem Zug zurückfahren können und nicht immer aufs Geld schauen müssen.

Lenas Erfahrungsbericht – Alleinreisende Frau

Ich bin allein mit dem Zug durch Frankreich und Umgebung gereist und muss sagen, dass dies nicht nur die einfachste, sondern auch die schönste Art zu reisen ist. Die Erfahrungen, die ich mit den anderen Reisenden während dieser Zeit gemacht habe, waren durchweg positiv und ich konnte viele neue Eindrücke gewinnen.

Reiseverlauf: Amsterdam > Paris > Barcelona > Marseille > Toulon > Genova > Bologna > Innsbruck

Unterküfte: Ausschließlich Hostels und eine Nacht im Hotel

Highlights: Die Kulturen wechseln mit jeder Zugfahrt. Europa ist so vielfältig, was ich nicht erwartet hätte. Den einen Tag habe ich noch den Louvre in Paris besichtigt und am nächsten einen Strandspaziergang in Barcelona gemacht. Du kannst einerseits das Stadtleben genießen und andererseits in der Natur unterwegs sein. Das macht viel Spaß und ich habe direkt Lust auf ein weiteres Reiseabenteuer bekommen.

Würde ich beim nächsten Mal besser machen: Bei meiner nächsten Reise werde ich deutlich weniger Gepäck mitnehmen. An dem einen Ort alle Sachen einpacken, am nächsten wieder alle auspacken und dann wieder alles einpacken. Auf Dauer nervt das schnell, wenn du zu viel mitgenommen hast.

Tipp: Schreib dir alle Kontaktdaten wie die Adresse und Telefonnummer von deinen Unterkünften auf. Damit hast du einen guten Überblick über deine gebuchten Unterkünfte und weißt, welche du noch buchen musst. Dieser Reiseplan hilft dir zudem, falls dein Handy leer sein sollte oder du keine Internetverbindung hast.

Fazit: Die Zug-Tour war eine sehr schöne Erfahrung, an die ich oft zurückdenke. Es ist einfach die beste Mischung aus Stadt und Land sowie Kultur und Abenteuer. Wenn du die Möglichkeit hast, dann unternimm auf jeden Fall eine Reise mit dem Zug.

2. Reise Möglichkeiten

Es gibt genau zwei Optionen für Zugtickets. Die eine ist es, einzelne Tickets zu kaufen und die andere ist, die Nutzung eines Interrail-Passes. Beides hat Vor- und Nachteile, je nachdem wie lange du reisen und wie flexibel du unterwegs sein möchtest.

Einzelne Zugtickets

Einzelne Tickets zu kaufen, eignet sich für ein langes Wochenende oder eine ganze Woche in einer anderen Stadt. Es ist auch eine gute Möglichkeit für eine kurze Reise. Diese solltest du einige Monate im Voraus kaufen, weil sie dann am günstigsten sind. Möchtest du nur an einen oder zwei Orte reisen und hast ein festes Reisedatum, ist dies die beste Möglichkeit für dich. Für flexible Reisen eignen sich separate Tickets hingegen nicht, weil sie bei kurzfristigen Käufen sehr teuer sind.

Ich selbst habe so bereits viele Städte erkundet und bin beispielsweise von Berlin aus nach Danzig gefahren oder von Bielefeld aus nach Antwerpen. Gebucht habe ich diese Reisen drei bis sechs Monate vorher, weil ich an den geplanten Wochenenden etwas erleben wollte.

Interrail-Pass

Ein Interrail-Pass, auch Interrail-Ticket genannt, eignet sich für längere Reisen und eine spontane Reiseplanung. Hierfür musst du nicht im Voraus planen, sondern kannst dich erst am Gleis entscheiden, wohin du weiterreist. Der Pass lohnt sich für Reisen ab einer Woche bis zu drei Monaten. Möchtest du also länger unterwegs sein und dich keineswegs festlegen, ist ein Interrail-Pass die beste Möglichkeit für dich. Die Pässe gibt es in den verschiedensten Ausführungen. Diese unterscheiden sich anhand der Dauer, der Länder und ob du einzelne Reisetage hast oder am Stück reist.

Ich selbst bin mehrere Wochen lang mit dem Interrail-Pass durch die Niederlande, Belgien und Frankreich gereist und habe die Reiseplanung sehr spontan gemacht. Das einzige was fix war, war eine grobe Route, die sich während der Reise mehrfach geändert hat, und eine Reisedauer von maximal sechs Wochen, denn dann fing die Uni wieder an.

Grundsätzlich gibt es den Interrail-Pass mit verschiedenen Optionen, die sich in Reisedauer, Ländern und Flexibilität unterscheiden.

One Country & Global Pass

Der One Country-Pass ermöglicht dir eine Reise durch genau ein Land und ist dadurch etwas günstiger. Die Länder sind dabei in Kategorien eingeteilt und unterscheiden sich leicht in den Kosten. Der Global-Pass ermöglicht dir, durch alle 32 teilnehmenden Interrail-Länder zu fahren. Der große Vorteil ist hierbei, dass du dich nicht festlegen musst und flexibler bist. Du kannst damit spontan einen Abstecher in ein anderes Land machen oder vor Ort komplett deine Reisepläne ändern. Die meisten Interrailer nutzen wegen der Flexibilität diesen Pass. Welcher Interrail-Pass für dich geeignet ist, musst du selbst entscheiden.

Sobald du den richtigen Pass ausgewählt hast, kommt die Entscheidung der Reisetage auf dich zu. Du musst die Länge deiner Reise festlegen und wie viele Tage du davon reisen willst. Entweder du kaufst einen Flexi-Pass, der dir eine bestimmte Anzahl an Reisetagen ermöglicht und nutzt diesen bis zu zwei Monate lang oder du buchst einen Continuous-Pass und kannst zwischen 15 Tage und drei Monaten am Stück reisen.

Flexible & Continuous-Pass

Ein Flexi-Pass ermöglicht dir eine bestimmte Anzahl an Reisetagen innerhalb von ein oder zwei Monaten aufzubrauchen. Die Reisetage kannst du dabei frei wählen und ganz spontan einsetzen. Die meisten Interrailer nutzen den Flexi-Pass, um entspannter reisen zu können und Geld zu sparen.

Mit einem Continuous-Pass kannst du jeden Tag des gebuchten Zeitraums reisen. Der Continuous-Pass ist etwas teurer als der Flexi-Pass, dafür kannst du jeden Tag reisen und bist nicht auf eine begrenzte Anzahl an Reisetagen angewiesen. Interrailer die zwei oder drei Monate unterwegs sind, nutzen meist diesen Pass.

4 - 5 Tage Flexible-Pass – Reicht für eine ein- bis zweiwöchige Reise zum Erkunden eines Landes oder eines kleinen Ländertrips, wie beispielsweise über Polen nach Tschechien.

7 - 10 Tage Flexible-Pass – Eignet sich für bis zu einem Monat Interrail und die Erkundung mehrerer aneinander liegender Länder, wie beispielsweise die Benelux Staaten.

15 Tage Flexible-Pass – Ist ideal für einen längere Zugreise und die Erkundung weiter entfernter Länder, wie beispielsweise Griechenland oder Portugal.

15 - 22 Tage Continuous-Pass – Möchtest du jeden zweiten Tag eine andere Stadt sehen und in zwei bis drei Wochen so viele Metropolen wie möglich erkunden? Dann ist das dein Pass.

1 - 3 Monate Continuous-Pass – Du möchtest ganz Europa erkunden und von Nord nach West und Süd nach Ost reisen? Dann ist einer der Monatspässe für dich am besten geeignet.

Hinweis: Es kommt immer wieder zu Verwirrungen bezüglich Interrail und EuRail, daher hier eine kurze Aufklärung der Tickets. Bist du europäischer Staatsangehöriger, kannst du den Interrail-Pass nutzen. Bist du kein europäischer Staatsangehöriger, dann kannst du mit dem EuRail-Pass reisen. Lebst du dauerhaft in Europa, bist aber kein europäischer Staatsangehöriger, dann kannst du trotzdem mit dem Interrail-Pass reisen. Dafür musst du lediglich die Bescheinigung deines Wohnsitzes in Europa vorweisen.

Weitere Reisemöglichkeiten

Eine weitere Möglichkeit durch Europa zu reisen ist, mit dem Bus oder mit dem Auto. Das klingt in einem Buch über Zugreisen etwas fehl am Platz, ist aber in manchen Ländern aufgrund fehlender Bahnverbindungen sinnvoll. Reist du beispielsweise nach Albanien, wo der Interrail-Pass nicht zählt, oder du benötigst mehr Reisetage als dein Interrail-Pass hergibt, dann kann eine Fahrt mit dem Bus Abhilfe schaffen. In den meisten Fällen ist die Fahrt mit dem Zug möglich und auch der beste Weg zu reisen. Geeignete Bus-Tickets findest du bei den nachfolgenden Suchportalen.

Buchungsportale

Interrail ⇒ backpacker-dude.com/BUCH/interrail *

Bahn

- ⇒ raileurope.de
- ⇒ thetrainline.com
- ⇒ bahn.de
- ⇒ omio.com
- ⇒ rome2rio.com
- ⇒ fromatob.com
- ⇒ virail.com

Bus

- ⇒ omio.com
- ⇒ blablacar.de
- ⇒ rome2rio.com
- ⇒ fromatob.com
- ⇒ virail.com
- ⇒ busbud.com

3. Reisepartner

Die Suchanfragen auf Reisepartner-Portalen wachsen rasant an, denn es gibt immer mehr Reisende, die lieber zu zweit als allein reisen wollen. Was die meisten jedoch vergessen ist, dass eine Reise allein auch ein sehr schönes Erlebnis sein kann, wenn man sich darauf einlässt. Daher erfährst du hier, welche Vor- und Nachteile es hat, allein oder zu zweit zu reisen.

Lieber allein reisen?

Du möchtest gerne ein Interrail-Abenteuer erleben, hast aber niemanden, der mitkommen möchte? Oder möchtest du allein reisen und bist dir unsicher, ob das eine gute Idee ist? Allein reisen in Europa ist kein Problem, selbst als alleinreisende Frau, denn alle europäischen Länder sind sicher. Vor allem für Reiseeinsteiger ist es eine gute Möglichkeit, das Allein-Reisen auszuprobieren. Deine Persönlichkeit wird durch die neue Erfahrungen wachsen und außerdem wirst du viele neue Menschen kennenlernen. Ich habe selbst den Großteil meiner Reisen allein gestartet und dann in Hostels oder bei Aktivitäten andere Reisende kennengelernt. Eigentlich war mit ein paar kleinen Ausnahmen immer jemand um mich herum. So sind schnell neue Freundschaften entstanden und viele ausgezeichnete Gespräche über Gott und die Welt. Ich bin beispielsweise mit einem Millionär aus Liechtenstein gereist, einem schwedischen Tauchlehrer oder einem italienischen Architekten, der im Herzen von Paris lebt. Das wäre mir nicht passiert, wenn ich mit einem Reisepartner unterwegs gewesen wäre. Lass dich also auch ohne Reisepartner nicht von deinen Plänen abhalten. Starte einfach allein, lerne neue Menschen kennen und komme mit neuen Freunden wieder.

Vorteile allein reisen

- Du lernst Reisende kennen, die ähnliche Pläne haben wie du und musst niemanden überzeugen, mit dir auf Interrail-Reise zu kommen. Vielleicht lernst du sogar jemanden mit anderen Reiseplänen kennen, schließt dich ihm an und entdeckst andere spannende Orte als eigentlich geplant.
- Du lernst neue Menschen kennen und bist individueller unterwegs, da du vielleicht sogar mehrere Reisepartner haben wirst. Dadurch wächst dein Selbstbewustsein, weil du dich auf wechselnde Menschen und verschiedenste Abenteuer einstellst.
- Hast du andere Reisepläne, suchst du dir einen neuen Reisepartner. Mit einem festen Reisepartner kann es zu Unstimmigkeiten und

Diskussion kommen. Ich habe auf meiner ersten Reise zwei Backpacker kennengelernt, die sich so zerstritten haben, dass sie nach der Reise keine Freunde mehr waren.

Menschen kennenlernen

- Begrüße andere Menschen und lerne deren Reaktion zu verstehen. Setzt du dich beispielsweise im Zug auf deinen Sitzplatz, begrüße direkt deinen Nachbarn und schau ob dieser positiv darauf reagiert. Vielleicht entsteht ja ein Gespräch daraus. Ich habe durch diese Methode bereits viele sehr gute Gespräche angefangen und wurde vor kurzem erst von meinem Sitznachbarn auf ein Bier im Boardbistro eingeladen.
- Übernachte hauptsächlich in Hostels, da du im Gemeinschaftsraum und beim Kochen schnell Kontakte knüpfen kannst. Hostels sind zudem recht günstig und du schläfst in einem Mehrbettzimmer, in dem du weitere Reisende kennenlernst. Begrüße dazu einfach deine Zimmergenossen. Die meisten Menschen sind recht schüchtern und trauen sich nicht, andere Reisende anzusprechen. Ich stelle mich daher immer direkt vor, wie ich heiße und wo mein nächstes Reiseziel liegt. So habe ich

beispielsweise kurz nach meiner Ankunft in Paris mit meiner Zimmernachbarin gekocht, Reisetipps ausgetauscht und abends haben wir die Stadt bei Nacht erkundet.

- Nutze alternativ zu Hostels einfach Couchsurfing und lerne Gastgeber aus dem jeweiligen Reiseland kennen. Der Vorteil ist, dass du direkt lokale Insidertipps erhältst und eine Unterkunft hast, dafür aber keinen Reisepartner für die Weiterfahrt kennenlernst. Für junge alleinreisende Frauen empfehle ich Couchsurfing allerdings nicht. Mehr dazu im Kapitel Unterkünfte.

- Nutze die Couchsurfing Hangout-Funktion, um andere Reisende in deiner Nähe kennenzulernen. Die App zeigt dir andere Couchsurfer an und was diese in der jeweiligen Stadt erleben wollen. Manche möchten sich auf ein Mittagessen treffen, ein Museum besuchen oder auf eine Party gehen und du kannst dich anschließen. Hangouts eignet sich auch sehr gut für alleinreisende Frauen, da du nicht bei den Personen übernachtest und daher nicht auf diese angewiesen bist. Ich selbst habe so in mehreren Städten andere Reisende kennengelernt und wurde unter anderem von einer Couchsurferin nach Österreich eingeladen.

- Lokale Events besuchen und Locals oder andere Reisende kennenlernen. Auf Couchsurfing, MeetUp oder Facebook gibt es immer wieder Events, die dir je nach Standort vorgeschlagen werden. Bei Facebook sind es meist normale Events an denen Personen an dem jeweiligen Ort teilnehmen, bei Couchsurfing meist mehr Reisende als Locals und bei MeetUp ist es je nach Stadt eine ausgewogene Mischung.
- In Facebook-Gruppen schreiben regelmäßig Interrailer in welcher Stadt sie sich gerade befinden und ob nicht jemand Lust auf ein Treffen hat. Das ist eine der besten Möglichkeiten, andere Interrailer kennenzulernen oder sich Tipps für die jeweilige Stadt zu holen. Mögliche Facebook-Gruppen findest du hier:
  - o Interrail Travellers Official
  - o Interrail Travelers
  - o #DiscoverEU Official

Mit Reisepartner reisen?

Mit einem Reisepartner oder als Gruppe zu reisen kann ein sehr schönes Erlebnis sein, da ihr gemeinsam Erfahrungen sammelt, euch aufeinander verlassen könnt und Jahre später auf gemeinsame Erinnerungen zurückblicken könnt. Das Gute daran ist, dass du nie allein reisen musst und immer jemanden zum Reden hast. Du lernst dann zwar weniger Menschen bei deiner Reise kennen, dafür hast du andere Vorteile.

Vorteile Reisepartner

- Du kennst deinen Reisepartner bereits und ihr habt gemeinsame Reisepläne. Nach der Reise bleibt eine schöne gemeinsame Erinnerung. Bei wechselnden Reisepartnern hast du zwar auch schöne Erlebnisse, aber du kannst diese nicht mehr so leicht mit den jeweiligen Personen teilen.
- Du hast ein größeres Sicherheitsgefühl, da ihr euch kennt und euch gegenseitig vertraut. Europa ist ein sicherer Ort zum Reisen, aber das Gefühl sich auf jemanden verlassen zu können, ist für die gefühlte Sicherheit nochmals besser.
- Du musst nicht alles doppelt mitnehmen oder bezahlen, weil ihr nicht alles doppelt im Gepäck habt oder euch die Kosten teilen könnt. Nehmt ihr beispielsweise einen Reiseföhn mit, benötigt

ihr nur einen. Auch bei Kosten für Unterkünfte könnt ihr bei Doppelzimmern sparen. Das ist zwar teurer als eine Übernachtung im Mehrbettzimmer, aber manchmal möchtest du vielleicht etwas mehr Privatsphäre haben.

Reisepartner finden

Bei der Suche gibt es zwei Möglichkeiten einen Reisepartner zu finden. Die eine ist, bereits vor der Reise jemanden zu finden und die andere jemanden während der Reise kennenzulernen. Beides hat seine Vor- und Nachteile und du solltest dir vor der Reise überlegen, welches die bessere Möglichkeit für dich ist. Hier noch einige Tipps:

- Erzähle deinen Freunden rechtzeitig, dass du auf Reisen gehen willst. Vielleicht hat jemand aus deinem Freundeskreis bereits die gleiche Idee oder jemand entscheidet sich dazu mitzukommen, da er selbst nicht allein reisen möchte. Wenn deine Freunde wissen, dass du auf Reise gehst und noch einen Reisepartner suchst, können sie bei ihren Freunden und Bekannten nachfragen. Dadurch erhöht sich dein Suchradius enorm und falls jemand mitkommen möchte, kennst du die Person bereits über jemand anderen.

- Auf Facebook gibt es mehrere Interrail-Gruppen in denen regelmäßig Gesuche aufgegeben und passende Reisepartner gefunden werden. Entweder suchst du dort aktiv nach Posts von anderen Interrailern, die einen Mitreisenden suchen oder du erstellst selbst einen. Schnell wirst du jemanden mit gleicher Reiseroute, Reisezeit und Interessen finden. In den Gruppen findest du auch spontan Reisepartner für ein paar Tage in einer Stadt oder für bestimmte Routenabschnitte.
  - Interrail Travellers Official
  - Interrail Travelers
  - #DiscoverEU Official

Tipp: Es gibt neben den empfohlenen auch weitere Gruppen, welche nur für das aktuelle oder kommende Jahr gültig sind. Einfach bei Facebook nach „Interrail + Jahr" suchen.

Tipp: Schreibe Suchanfragen auf Englisch, dann findest du mehr Reisepartner. Postest du zusätzlich ein Bild von dir sowie eine ungefähre Route, steigt die Chance enorm.

- Auf Reisepartner Suchbörsen findest du auf Knopfdruck mögliche Reisepartner. Alles was du dafür tun musst ist, nach dem Stichwort "Interrail" zu suchen und schon werden dir andere Backpacker vorgeschlagen. Findest du keinen, der zu dir passt, kannst du auch selbst ein kostenfreies Gesuch schalten.

⇒ Reisepartner-Gesucht.de

⇒ JoinMyTrip.de

Tipp: Solltest du selbst einen Post veröffentlichen, dann lade aussagekräftige Bilder von dir mit einer kurzen Beschreibung hoch. Bei der Beschreibung sollte deine Reiseroute oder mögliche Reiseziele sowie deine Reisedauer direkt sichtbar sein. Wenn du noch keine genauen Pläne hast und für alles offen bist, dann kannst du das natürlich auch erwähnen.

4. Routenplanung

Eine geeignete Interrail-Route zu finden ist gar nicht mal so einfach. Zum einen möchtest du möglichst viele Städte sehen, und zum anderen nicht lange im Zug sitzen. Um dir die Planung deiner Route zu erleichtern und dir das bestmögliche Interrail-Erlebnis zu geben, findest du hier alle wichtigen Informationen zu den Ländern und Reiserouten.

Planungs-Methoden

Hast du dich für einen Reisezeitraum entschieden, kannst du direkt mit der Routenplanung beginnen. Ein sehr nützliches Tool ist dabei die Interrail-Karte, welche du beim Kauf des Tickets als gedruckte Version erhältst. Diese beinhaltet alle Routen inklusive der Reisedauer sowie Fährverbindungen und Schnellzugstrecken. Beachte vor deiner Planung die Kosten des jeweiligen Reiselandes. In meiner Kostenkalkulation erhältst du einen guten Überblick dazu. Stehen die Reiseländer fest, kannst du mit der Routenplanung beginnen. Für deine Planung gibt es drei Methoden, die ideale Reiseroute zu finden.

Listen-Methode – Bei der Listen-Methode erstellst du dir eine Liste mit den Ländern und Städten, die du sehen möchtest. Diese priorisierst du dann und planst danach deine Route. Der Vorteil dieser Methode ist, dass du individuell deine bevorzugten Städte und Länder besuchen kannst. Der Nachteil ist, dass du die komplette Streckenplanung machen musst und dabei gegebenenfalls wieder einige Städte oder Länder aufgrund von Zeitknappheit streichen musst.

Rückfahrt-Methode – Bei der Rückfahrt-Methode planst du nur die Rückfahrt von einer von dir gewählten Stadt. Dein Ziel ist es dann, diese Stadt passend zum Abfahrtstermin des Zuges zu erreichen. Der Vorteil dieser Methode ist, dass deine Rückfahrt bereits abgesichert ist und du pünktlich wieder Zuhause bist. Der Nachteil hierbei, dass du zielgebunden bist und nicht spontan in eine komplett andere Richtung fahren kannst.

Modifizierungs-Methode – Bei der Modifizierungs-Methode nutzt du vorgeplante Routen und modifizierst diese nach deinen Vorstellungen. Die Routen findest du ein paar Seiten weiter in diesem Kapitel oder in den Erfahrungsberichten von Interrailern. Der Vorteil dieser Methode ist, dass die Routen bereits bereist worden sind und du dich lediglich um die genauen Abfahrtzeiten der Züge kümmern müsstest. Gefällt dir dabei eine Stadt nicht, streichst du diese aus der Route und suchst dir eine Alternative. Mit dieser Methode sparst du deutlich Zeit bei der Planung und nutzt die Inspirationen von anderen Reisenden.

> **Tipp:** Eine detaillierte Planung der Interrail-Route macht zwar viel Spaß und bietet dir eine gewisse Sicherheit, jedoch solltest du dir immer die Möglichkeit offenlassen, auch spontan deine Route zu ändern und dich treiben zu lassen. Ganz nach dem Motto: *„Life is what happens, while you're making other Interrail plans."*

Europa bietet dir eine ganze Menge Länder, die du bereisen kannst. Da ist es nicht leicht, den Überblick zu behalten und eine Entscheidung zu treffen. Hier ist vorab eine kurze Einschätzung der Regionen bezüglich Kosten, Komfort und der benötigten Erfahrung.

	Budget	Komfort	Erfahrung
Skandinavien	€€€€€	hoch	keine
Zentraleuropa	€€€€	hoch	keine
Südeuropa	€€€	hoch	keine
Osteuropa	€€	mittel	etwas
Balkan	€	niedrig	etwas

Sitzplatzreservierungen

Je nachdem durch welche Länder deine Interrail-Tour führt und wie schnell du reisen möchtest, benötigst du Reservierungen oder eben nicht. Das solltest du bei deiner Routenplanung beachten, denn dadurch entstehen Extrakosten. Hast du ein schmales Budget kannst du entweder durch reservierungsfreie Länder reisen oder langsamere Züge nutzen, und so auf Sitzplatzreservierungen verzichten. Hast du hingegen ein größeres Budget, kannst du dir einen Platz in einem der Hochgeschwindigkeits- oder Nachtzüge sichern. Welche Länder das sind und welche Kosten auf dich zukommen, werde ich später genauer erklären. Jetzt geht es erst einmal darum, ob überhaupt immer eine Sitzplatzreservierung notwendig ist.

Meistens Reservierungspflichtig – Für diese Länder musst du dir für fast alle Züge eine Reservierung buchen. Ohne diese kannst du die reservierungspflichtigen Züge nicht nutzen, da du sonst im Zug eine Strafe zahlen musst. Ob eine Reservierung notwendig ist, erkennst du in der Interrail-App oder an dem kleinen R hinter den Zugverbindungen.

- Frankreich
- Griechenland
- Italien
- Spanien

Teilweise Reservierungspflichtig – In diesen Ländern wird nicht immer eine Reservierung benötigt, je nach Zug allerdings schon. Auch hier gilt: Die Interrail-App hilft dir beim Herausfinden der reservierungspflichtigen Züge weiter.

- Bosnien & Herzegowina
- Bulgarien
- Kroatien
- Tschechien
- Dänemark
- Finnland
- Ungarn
- Norwegen
- Polen
- Portugal
- Rumänien
- Serbien
- Slowenien
- Schweden
- Schweiz

Keine Reservierung notwendig – In diesen Ländern ist keine Reservierung notwendig und du kannst einfach ohne viel Planung losfahren. Je nach Saison und Tag kann allerdings eine Reservierung auch Sinn machen.

- Österreich
- Belgien
- Deutschland
- Irland
- Luxemburg
- Montenegro
- Niederlande
- Slowakei
- Türkei

Tipp: Auch wenn eine Reservierung nicht notwendig ist, kann diese durchaus sinnvoll sein. Gerade während Stoß- oder Ferienzeiten kann es zu vollen Zügen kommen. Die Auslastung hängt aber auch stark von der Verbindung und Uhrzeit ab. Reist du beispielsweise in der Nebensaison und eine Reservierung ist nur optional, kannst du dir das Geld sparen. Reist du hingegen längere Strecken und während der Ferienzeit, kannst du mit einer Reservierung auf Nummer sicher gehen.

Tipp: Schwarzfahren lohnt sich nicht. Nutzt du einen reservierungspflichtigen Zug ohne Reservierung und wirst erwischt, erhältst du eine Strafe und musst aussteigen. Es gibt immer wieder freundliche Kontrolleure, die ein Auge zudrücken oder dich nur aussteigen lassen, aber das ist nicht die Regel.

Reservierungen buchen

Sobald du deine ungefähre Interrail-Route geplant hast und die reservierungspflichtigen Züge kennst, solltest du deine Sitzplatzreservierungen buchen. Je nach Zuggesellschaft steigen die Kosten dafür und es gibt für manche Strecken ein begrenztes Kontingent. Daher macht es Sinn, zeitnah zu buchen. Stellst du im Nachhinein fest, dass du die Reservierung nicht mehr benötigst, kannst du diese einfach wieder zurückgeben. Dazu gehst du am Bahnhof zum Ticketschalter und gibst die Reservierung einfach zurück, bevor du diese antrittst. Der Betrag wird dir erstattet und du hast somit keinen Verlust gemacht.

Es gibt zwei Möglichkeiten eine Sitzplatzreservierung vorzunehmen. Entweder buchst du dir die Reservierung direkt am Bahnhof am Fahrkartenschalter oder du buchst die Reservierung online. Je nach Land kannst du die Reservierung auch online buchen und am nächsten Bahnhof ausdrucken lassen. Im Zug eine Reservierung zu buchen, ist in der Regel nicht möglich und kann mit einer Strafe geahndet werden. Deshalb besser vorab nach einer passenden Verbindung suchen und diese reservieren.

Online buchen – Um deine Reservierung online zu buchen, musst du auf Interrail.eu gehen und dich dort mit deinem Account anmelden. Hast du noch keinen, kannst du diesen ganz einfach erstellen. Dafür benötigst du lediglich deine persönlichen Daten, die Nummer deines Interrail-Passes und eine Kreditkarte oder eine andere Zahlungsart. Mit deinem Account loggst du dich dann ein, wählst deine gewünschte Strecke und buchst eine oder mehrere Reservierungen. Du kannst auch für deine Reisepartner Sitzplätze mitbuchen, damit ihr nebeneinandersitzen könnt.

Achtung: Es gibt nicht für alle Züge eine elektronische Reservierung. Manche Reservierungen müssen dir per Post zugeschickt werden, was bis zu einer Woche dauern kann. Das heißt, du musst entweder rechtzeitig reservieren oder wie es in Frankreich möglich ist, die Reservierung am nächsten Automaten ausdrucken lassen.

Offline buchen – Eine weitere Möglichkeit eine Reservierung für Interrail zu buchen, ist, dieses am Bahnhof zu tun. Du suchst dir dafür vorab deine gewünschte Verbindung heraus und die Mitarbeiter von der Information buchen diese für dich. Dabei musst du daran denken, dass du deinen Interrail-Pass erwähnst, da sich die Interrail-Reservierungen von normalen Reservierungen unterscheiden können.

Beliebte Interrail-Routen

Osteuropa für Einsteiger

Prag > Krakau > Warschau

7 Tage davon 5 Reisetage

Osteuropa ist groß und um alles Wichtige gesehen zu haben, solltest du dir mindestens einen Monat Zeit nehmen. Wenn du nicht so viel Zeit hast, reichen bereits fünf Reisetage aus, um einen kleinen Einblick in die osteuropäische Kultur zu bekommen. In der tschechischen Hauptstadt Prag angefangen geht es über das studentische Krakau bis zur polnischen Hauptstadt Warschau. Neben günstigem Bier und gutem Essen, herrscht hier eine ausgeprägte Backpackerkultur. Es gibt eine Menge Hostels, die Touren durch das Nachtleben anbieten. Wenn du es etwas ruhiger magst und lieber einen Tag am Strand relaxen willst, ist von Warschau aus ein Ausflug nach Danzig möglich. Der Danziger Strand liegt nur wenige Minuten vom Stadtzentrum entfernt.

Tipp: In Osteuropa kommt es hin und wieder zu längeren Verspätungen der Züge, weshalb du dir auf jeden Fall ein gutes Buch oder Hörbuch einpacken solltest.

Best of Benelux

Brüssel > Brügge > Antwerpen >
Den Haag > Rotterdam > Amsterdam

10 Tage davon 7 Reisetage

Die Benelux Staaten können bereits in 7 Reisetagen mit dem Interrail-Ticket erkundet werden. In Brüssel findest du Streetart mit vielen interessanten Geschichten hinter den Graffitis sowie kleineren Attraktionen wie der Marktplatz „Grote Markt" und das Wahrzeichen „Manneken Pis". Der ideale Einstieg in die Stadt ist eine Free Walking Tour, bei der alle wichtigen Orte besucht werden. Von der großen Stadt mit ihren hohen Gebäuden geht es dann weiter in das malerische Brügge. Hier fühlst du dich wie in einem Märchen und du kannst hier viele schöne Fotos machen.

Von Brügge aus geht es weiter nach Antwerpen, der Hauptstadt der Diamanten. Hier wurden früher viele Diamanten geschliffen und gehandelt. Mit der Zeit hat sich der Diamantenhandel jedoch von der Stadt wegverlagert und stattdessen gehen hier täglich einige Kilo Kokain über die Hafenkante. Ein voller Tag in Antwerpen reicht für die Erkundung der Stadt und für die wichtigsten Museen aus. Weiter geht es nach Den Haag, einer niederländischen Stadt direkt am Strand.

Je nachdem wie lange du am Strand entspannen willst, reichen ein bis zwei Tage aus. Der Stadtkern ist nicht besonders groß, beinhaltet aber viele schöne kleine Gassen mit hübschen Läden.

Von Den Haag aus kannst du innerhalb von 45 Minuten mit der S-Bahn nach Rotterdam fahren und dort die Architektur der Stadt bestaunen und den Ausblick vom Euromast genießen. Für die Fahrt nach Rotterdam würde ich nicht das Interrail-Ticket nutzen, da ein Tagesticket für die S-Bahn nach Den Haag nur ein paar Euro kostet und du dir somit einen Reisetag in deinem Pass sparst. Der letzte Stopp der Reise ist Amsterdam, die Hauptstadt der Niederlande. Amsterdam ist bekannt für seine viele kleinen Wasserstraßen, die Grachten genannt werden, und für die schönen, kleinen Gassen. Der Stadtkern ist sehr überlaufen, aber trotzdem einen Besuch wert. Gut unterwegs ist man entweder zu Fuß oder mit dem Fahrrad.

Tipp: Aufgrund der teilweise benötigten Reservierungen für die TGV Züge, empfiehlt es sich die Reiseroute vorher zu planen und die Bahntickets bereits vorher zu buchen.

Skandinavische Metropolen

Kopenhagen > Oslo > Stockholm > Helsinki

15 Tage davon 5-7 Reisetage

Die vier skandinavischen Metropolen können via Interrail bereits mit nur fünf Reisetagen erkundet werden. Von Deutschland aus gelangst du schnell mit dem Zug nach Kopenhagen. Dort gibt es neben der kleinen Meerjungfrau, dem Wahrzeichen der Stadt, auch einen Freizeitpark mitten im Zentrum sowie das autonome Christiania-Viertel, welches einen Besuch wert ist. Nachdem du Kopenhagen erkundet hast, geht es auf dem gut ausgebauten Bahnnetz weiter nach Oslo. Hier kann das Grünerløkka-Viertel erkundet, die Oper bestiegen und der Skulpturenpark besucht werden.

Wer anstatt fünf gleich sieben Reisetage bucht, kann von Oslo aus einen Abstecher nach Bergen mit seinen atemraubenden Fjorden machen. Von Oslo aus geht es mit dem Zug weiter nach Stockholm. Hier warten das Skansen-Freilichtmuseum und das Fotografie-Museum „Fotografiska" sowie die längste Bibliothek der Welt auf dich. Ein Spaziergang am Hafen lohnt sich und von hier startet regelmäßig eine Fähre nach Helsinki, die du nutzen kannst. Die Übernachtfahrt vergeht wie im Flug und dein Frühstück kannst du schon in Helsinki genießen. Wenn dir diese Route nicht ausreicht, dann kannst du mit einer Fähre, welche nicht im Interrail Ticket enthalten ist, sogar bis nach St. Petersburg fahren und dort das 72h Visum nutzen.

> **Tipp:** Aufgrund der kurzen Reisedauer und der teilweise benötigten Reservierungen empfiehlt es sich, die Reiseroute vorher zu planen und sämtliche Reservierungen zu buchen.

Die wunderschöne Oper bietet einen guten Ausblick über Oslo.

Polarlicht Explorer

Kopenhagen > Stockholm > Kiruna >
Rovaniemi > Helsinki

15 Tage davon 5-7 Reisetage

Die skandinavischen Polarlichter locken viele Reisende in das weit im Norden gelegene Lappland. Du kannst diese in nur fünf bis sieben Reisetagen erreichen. Das Gute bei der Zugfahrt durch die skandinavischen Wälder ist, dass du die Ruhe von Lappland spürst und die Veränderung der Natur sehen kannst. Von Deutschland aus kann über Kopenhagen die schwedische Hauptstadt Stockholm erreicht werden. Von dort aus fährt ein Nachtzug in das weit im Norden gelegene Lappland. Hier kannst du Wanderungen durch den Nationalpark und die weitläufige Natur machen und mit etwas Glück siehst du sogar die Polarlichter. Über die finnische Stadt Rovaniemi geht es anschließend weiter zur Hauptstadt Helsinki. Von hier aus kannst du deine Reise mit der Fähre nach Deutschland beenden.

Tipp: Aufgrund des Nachtzuges musst du vorab eine Reservierung buchen. Wenn du die Polarlichter sehen möchtest, solltest du im Winter reisen, da es im Sommer kaum dunkel wird. Also Winterjacke und Schneestiefel nicht vergessen!

Tour de France

Paris > Toulouse > Marseille > Nizza > Lyon

15 Tage davon 7 Reisetage

Die meisten Urlauber denken bei Frankreich an Paris und nicht an die vielen schönen Städte, die es noch zu erkunden gibt. Meine erste Interrail-Tour ging unter anderem durch Frankreich und hat mir die verschiedenen Facetten des Landes gezeigt. Paris war dabei nur ein kleiner Stopp, da die Stadt zwar schön, jedoch sehr teuer und überlaufen ist. Aus diesem Grund bin ich schnell weitergereist. Zuerst südwestlich in Richtung Toulouse und an der Küste weiter bis nach Nizza. Über Lyon geht es wieder zurück. Anstatt den Süden Frankreichs zu bereisen, kannst du als Alternative die Atlantikküste besuchen. Auch hier gibt es viele Strände und schöne Städte zu erkunden.

Tipp: Von Nizza aus kannst du ganz einfach einen Tagesausflug nach Cannes, der Stadt der internationalen Filmfestspiele, machen. Übernachten ist dort allerdings teuer, da kommt es auf dein Budget an.

Italiens Pizza Express

Zürich > Mailand > Florenz > Rom > Neapel > Sizilien > Livorno > Pisa > Venedig > Innsbruck

30 Tage davon 10 Reisetage

Italien ist weltweit nicht nur für sein hervorragendes Eis bekannt, sondern auch für seine vorzügliche Pizza. Diese Route führt dich mit nur zehn Reisetagen durch alle bekannten italienischen Städte und gibt dir Tipps für die besten Pizzerien. Die Route startet in der Modemetropole Mailand, bringt dich nach Neapel, dem Geburtsort der Pizza, und endet schließlich in Venedig. Diese Reiseroute ist auf der Suche nach der besten Pizza entstanden und führt deshalb durch Italien. Die neapolitanischen Pizzabäcker stehen sogar auf der Liste der immateriellen UNESCO-Welterben. Wenn du also Sonne, Strand und Pizza magst, dann ist diese Interrail-Route für dich ideal. Die besten Pizzen in Neapel findest du bei L'Antica Pizzeria da Michele oder Pizzeria Brandi.

Tipp: Das Interrail-Ticket ermöglicht dir auch die Nutzung von Fähren rund um Italien. Diese sind entweder kostenlos oder stark ermäßigt und eine gute Alternative zum Zug. Von der italienischen Insel Sizilien kommst du beispielsweise am einfachsten mit dem Schiff nach Livorno.

Europa Extrem

Deutschland > Niederlande > Belgien > Luxemburg > Frankreich > England > Irland > Spanien > Portugal > Italien > Schweiz > Österreich > Slowenien > Kroatien > Bosnien-Herzegowina > Montenegro > Serbien > Mazedonien > Griechenland > Türkei > Bulgarien > Rumänien > Ungarn > Slowakei > Tschechien > Polen > Finnland > Schweden > Norwegen > Dänemark

3 Monate davon 30 Reisetage

Du hast drei Monate Zeit und möchtest ganz Europa sehen? Dann lohnt sich der Interrail-Pass, mit dem du ununterbrochen drei Monate lang reisen kannst. Du kannst in dieser Zeit alle der oben genannten Routen bereisen und somit das Interrail-Netz komplett nutzen. Eine genaue Route gibt es hierfür nicht, da es unzählige Möglichkeiten zum Reisen gibt. Hast du wirklich vor alle europäischen Länder in den drei Monaten zu bereisen, dann hast du eine große Aufgabe vor dir und muss damit rechnen, mehrere Tage nur im Zug zu sitzen.

Tipp: Egal ob du eine Woche, drei Monate oder ein ganzes Jahr lang reist: Die Gepäckmenge bleibt immer gleich. Aus meinen Reiseerfahrungen habe ich daher eine optimierte Packliste für Interrail erstellt.

Beliebte Nachtzug-Routen

Nachtzüge werden für Zugreisende immer beliebter und vor allem Interrailer nutzen sie schon seit langem sehr gerne. Eine Fahrt mit dem Nachtzug ist ein absolutes Highlight jeder Reise! Abends in den Zug einsteigen, vom Schlafplatz aus den Sonnenuntergang genießen und am nächsten Morgen im Zug frühstücken: ein echtes Abenteuer! Aber nicht nur das macht Nachtzüge so beliebt, sondern auch dass längere Strecke einfach zurückgelegt werden können, ohne dass dir viel Reisezeit verloren geht. Für Nachtzüge ist zwar ein höherer Zuschlag fällig, aber dafür sparst du dir die Kosten für eine Übernachtung und hast ein unvergessliches Erlebnis!

Möchtest du einen Nachtzug nutzen, solltest du das unbedingt vorab einplanen, da die Plätze sehr begrenzt sind. Die meisten Zugreisenden nutzen den Nachtzug direkt am Anfang oder am Ende ihrer Reise. So kannst du schnell weiter entfernte Länder erreichen oder deine lange Heimfahrt antreten.

Es gibt einige Nachtzüge in Europa und unzählige Möglichkeiten diese Strecken in die eigene Reise zu integrieren. Aus diesem Grund habe ich für dich die beliebtesten Nachtzugrouten herausgesucht.

Stockholm – Lappland

Tagsüber Stockholm erkunden, abends im Nachtzug einschlafen und am nächsten Morgen im schneebedeckten Lappland frühstücken. Diese Strecke ist bei Reisenden sehr beliebt, um die Polarlichter hautnah zu erleben. Mögliche Haltestellen sind Kiruna in Schweden oder Narvik in Norwegen.

$\Rightarrow$ sj.se

San Sebastián – Lissabon

Das bergische Baskenland Spaniens ist mit der Küste Portugals durch einen Nachtzug verbunden. Während du in San Sebastián die Uferpromenade entlangschlendern oder wandern gehen kannst, bietet dir Lissabon eine tolle Auswahl an portugiesischen Gerichten oder die imposante Festung, Castelo de São Jorge.

$\Rightarrow$ renfe.com

Mailand – Palermo

An einen Tag den Dom von Mailand bestaunen und am nächsten Tag am Strand auf Sizilien liegen. Das ist mit diesem Nachtzug möglich. Der Zug wird unterwegs auf eine Fähre verladen. Der Treno Notte benötigt insgesamt nur 21 Stunden – inklusive Blick aufs Meer.

⇒ trenitalia.com

Berlin – Wien

Der Nachtzug fährt von Berlin aus über Polen und Tschechien nach Wien. Am Abend hast du einen Blick auf Brandenburgs Wälder und am nächsten Morgen gibt es ein leckeres „Wiener Frühstück", bevor die Hauptstadt erreicht wird. Der Metropol fährt seit über 50 Jahren die Strecke von Berlin nach Wien und wurde nach der Einstellung des alten Betreibers MÁV von der ÖBB wieder neu belebt.

⇒ nightjet.com

Belgrad – Bar

Eine Fahrt durch das dinarische Gebirge ist mit dem Nachtzug möglich. Die Gebirgsbahn in Belgrad, Serbien fährt über Bosnien-Herzegowina nach Bar, Montenegro. Die Fahrt geht über 243 Brücken und durch 254 Tunnel, ist sehr abwechslungsreich und bietet atemberaubende Aussichten.

⇒ srbvoz.rs

Länder & Highlights

Es nehmen zwar nicht alle der genannten Länder an Interrail teil, aber diese können mit separaten Zug- oder Bustickets erkundet werden. Die Unterteilung erfolgt dabei in den jeweiligen Regionen, die nicht der offiziellen Einteilung entsprechen. Ich habe diese modifiziert und nach Ähnlichkeit und Reisementalität geordnet.

Zentraleuropa

Im Zentrum Europas gibt es Städte, die unterschiedlicher nicht sein können. Hier gibt es kulturelle Vielfalt und leckere, landestypische Spezialitäten zu erkunden. Vom irischen Pub in Dublin über einen Besuch der Mona Lisa im Louvre geht es hin bis in die Schweizer Alpen zum Wandern. Das Gute daran ist, dass alle Länder sehr schnell mit dem Zug erreichbar sind und die kulturelle Vielfalt nur eine Bahnfahrt entfernt liegt. Die Backpacker-Community ist hier groß und wenn du in Hostels übernachtest, wirst du schnell Anschluss finden.

Die beste Reisezeit für Zentraleuropa ist von Mai bis September, da es in dieser Zeit warm ist und durchaus mehr Aktivitäten als im Winter möglich sind. Wenn dir die Kälte nichts ausmacht, kannst du auch den Winter nutzen.

Belgien

Belgien ist nicht nur für seine Städte Brügge und Brüssel bekannt, sondern auch für seine Architektur aus der Renaissance. Brüssel ist die Hauptstadt Belgiens und Hauptsitz der europäischen Union sowie der NATO. Brügge ist eine märchenhafte Stadt am Wasser und lädt zur Stadterkundung ein. Die Hafenstadt Antwerpen ist Umschlagplatz von Diamanten und für seine Museen und engen Gassen bekannt.

Deutschland

Deutschland ist vor allem für die Großstädte Berlin, Hamburg und München bekannt, welche unterschiedlicher gar nicht sein könnten. Während Berlin mit der künstlerischen Vielfalt und dem Nachtleben lockt, Hamburg für seine Reeperbahn und das Schanzenviertel bekannt ist, gibt es in München traditionelle, deutsche Bierhallen und das Oktoberfest. Neben den Klassikern bieten die deutschen Metropolen eine internationale Küche mit vielfältigen Geschmäckern.

Frankreich

Frankreich bietet Touristen neben gutem Essen, jede Menge Museen und schöne Strände. Die Hauptstadt Paris ist weltweit für den Eifelturm und den Louvre bekannt. Von Paris aus fahren Züge in alle Richtungen des Landes, weshalb die Hauptstadt ein guter Anlaufpunkt für den Start einer Reise durch Frankreich ist. Neben der Hauptstadt lockt die Côte d'Azur mit Marseille, Nizza oder Cannes viele Interrailer an.

Großbritannien

Das Vereinigte Königreich gehört zwar seit 2021 nicht mehr zu den Interrail-Ländern, ist jedoch eine Reise wert. London kann sehr schnell von Frankreich aus durch den Eurotunnel erreicht werden. Die moderne Stadt lockt mit imposanten, königlichen Gebäuden und einem original „English Breakfast".

Irland

Irland ist die grüne Insel Europas und unter anderem auch bekannt für seine mittelalterlichen Burgen und Schlösser. Dublin ist nicht nur die Landeshauptstadt, sondern auch die Heimatstadt vom Guinness-Bier sowie der Geburtsort von Schriftsteller Oscar Wilde. Interrailer lieben die Pubkultur und die ruhige Natur.

Liechtenstein

Das Fürstentum Liechtenstein ist gerade einmal 25km groß und damit eines der kleinsten Länder der Welt. Die Hauptstadt Vaduz ist das Zentrum des Landes und bietet neben Museen auch zeitgenössische

Ausstellungen an. Außerhalb der Stadt lädt die Alpenlandschaft zum Wandern und Besichtigen der Burgen ein.

Luxemburg

Auch Luxemburg gehört zu den kleinsten Ländern der Welt und ist mit dichten Wäldern und Naturparks eher ländlich geprägt. Die gleichnamige Hauptstadt ist für seine mittelalterliche Altstadt bekannt und deshalb ein beliebtes Ziel bei Interrailern.

Niederlande

Die Niederlande sind für seine hübschen Städte Amsterdam, Rotterdam und Den Haag bekannt. Während Rotterdam mit Architektur und Den Haag mit Stränden lockt, bietet Amsterdam viele kleinen Gassen, Hausboote und Coffeeshops. Amsterdam ist der erste Anlaufpunkt für viele Backpacker und Reisende.

Österreich

Österreich liegt direkt neben Deutschland und der Schweiz und ist das Tor zu den Balkanländern. In Österreich können Wanderungen durch die Alpen unternommen werden oder die Hauptstadt Wien mit seinen Schlössern und Burgen erkundet werden. Wen die Geburtsstadt von Mozart interessiert, der sollte Salzburg besuchen.

Polen

Polen ist sehr abwechslungsreich und bietet für jeden Interrailer etwas. Wanderungen durch die atemberaubende Landschaft, am Strand relaxen oder eines der vielen Museen erkunden. Jeder Reisende sollte unbedingt Piroggen, das sind gefüllte Teigtaschen in den unterschiedlichsten Variationen, probieren. Die beliebtesten Städte sind Warschau, Krakau und Danzig.

Schweiz

Die Schweiz lockt mit großartigen Berglandschaften, zahlreichen Seen und prunkvollen Städten. Eine offizielle Hauptstadt gibt es nicht, dafür aber leckeres Essen und ausgezeichnete Schokolade. Wer in die Schweiz reist, kann die schönen Städte erkunden und viele Wanderungen durch die Berge unternehmen. Für Interailer sehr zu empfehlen sind Zürich, Bern und Genf.

Tschechien

Tschechien ist bekannt für seine zahlreichen, verschiedenen Biersorten, anmutigen Burgen und Schlösser und seine lange historische Geschichte. In der mittelalterlichen Altstadt von Prag steht die prächtige Prager Burg aus dem neunten Jahrhundert. Interrailer schätzen hier aber nicht nur die Altstadt, sondern auch die langen Partynächte. Wanderungen in der wunderschönen Natur sind im Šumava Nationalpark oder rund um die Stadt Prag möglich. Interessierst du dich für Architektur ist die Stadt Český Krumlov ein Anlaufpunkt für dich.

Ausblick über Prag

Skandinavien

Skandinavien ist der nördlichste und gleichzeitig der ruhigste Teil Europas. Endlose Wälder, Fjorde und die kulturelle Vielfalt in den skandinavischen Städten machen die Region zu einem beliebten Ziel für Backpacker aus aller Welt. Wer gerne abseits der großen Touristenmassen unterwegs ist, wird Skandinavien lieben.

Es gibt eine große Vielzahl an Unterkünften und es kann sogar sehr einfach gecampt werden, entweder auf einem der zahlreichen Campingplätze oder wild in der Natur nach dem hier herrschenden „Jedermanns-Rechts". Es erlaubt dir überall dein Zelt aufzuschlagen und dort eine Nacht zu verbringen. Da es in Skandinavien recht kalt oder nass werden kann, campe lieber nur in der Sommerzeit.

Im Winter ist es in Skandinavien recht lange dunkel und kalt, der Sommer hingegen ist angenehm warm und es bleibt lange hell. Für eine Interrail-Reise ist der Sommer in der Zeit von Juni bis September ideal. Die Natur ist zu dieser Zeit sehr grün und es können Wanderungen gemacht oder mit dem Kajak Fjorde erkundet werden. In den Städten gibt es viele Festivals und es herrscht eine entspannte, sommerliche Atmosphäre. Wer hingegen den Winter mag und gerne die Polarlichter sehen möchte, sollte von Januar bis

März reisen. In dieser Zeit kann man im Norden Skandinaviens auch mit Schlittenhunden fahren und Wanderungen durch die endlosen Schneelandschaften machen.

Dänemark

Dänemark verbindet Deutschland und Schweden mit der Öresundbrücke. In der Hauptstadt Kopenhagen steht das Wahrzeichen die kleine Meerjungfrau, der Königspalast und etwas außerhalb liegt das alternative Viertel Christiania. Die Hauptstadt hat einen mittelalterlichen Stadtkern und viele kleine Gassen sowie Fachwerkhäuser.

Finnland

Finnland liegt zwischen Schweden, Norwegen und Russland. Helsinki ist die Hauptstadt, die neben einer Vielzahl an Museen auch ein prunkvolles Designer-Viertel hat. Treibt es dich eher in die Natur, dann wirst du in einem der Nationalparks oder in Lappland fündig. Für Interrail empfehlen sich die Städte Helsinki, Turku und Rovaniemi.

Norwegen

Norwegen ist für seine Fjorde, Berge und Gletscher bekannt. Nicht nur Naturfreunde zieht es hierher, denn die Hauptstadt Oslo bietet neben zahlreichen Parks und Museen weitere kulturelle Erlebnisse an. Vom Dach der Oper hast du einen schönen Ausblick über Oslo und den Hafen. Wer sich nach dem Wandern erholen möchte, kann auf einem der Sauna-Boote entspannen. Neben Oslo sind Tromsø, Bergen und Trondheim einen Besuch wert.

Schweden

Schweden ist gerade bei deutschen Backpackern sehr beliebt. Neben der vielfältigen Natur mit seinen vielen Nadelwäldern, gibt es interessante große Städte wie Stockholm, Göteborg oder Malmö zu erkunden. Hier findet jeder Backpacker etwas Geeignetes. Stockholm hat übrigens die längste Bibliothek der Welt, die du dir unbedingt anschauen solltest.

Schwedische Blockhütte am Wasser

Südeuropa

Südeuropa ist bei Backpackern sehr beliebt, da es warm ist und alle Länder am Meer liegen. Das mediterrane Flair und das ausgezeichnete Essen locken Reisende aus aller Welt in den Süden Europas. Die Backpacker-Szene ist hier groß und somit eignet sich die Region optimal für eine Interrail-Reise.

Die ideale Reisezeit für Backpacking in Südeuropa liegt zwischen April und Oktober. Während dieser Zeit herrscht ein angenehm mediterranes Klima. Wenn du den Massen an Touristen entgehen willst, dann solltest du nicht zwischen Juni und August reisen. Zu dieser Zeit ist Hauptsaison und es wird sehr heiß. Wer trotzdem zu dieser Zeit reist, der sollte seine Badesachen einpacken, da eine Abkühlung im Meer definitiv nötig ist.

Italien

Italien ist für sein leckeres Essen, die lange Mittelmeerküste und für die Meisterwerke Leonardo Da Vincis bekannt. Die Hauptstadt Rom bietet imposante Bauwerke aus der Antike sowie den Vatikan. Weitere sehenswerte Städte sind Venedig mit seinen vielen kleinen Wasser-Kanälen, Mailand mit dem weißen Dom und Pisa mit seinem schiefen Turm.

Spanien

Spanien ist nicht nur durch die Wärme ein beliebtes Ziel bei Backpackern, sondern auch durch die kulturelle Vielfalt der verschiedenen Regionen. Die Hauptstadt Madrid sowie die Stadt Barcelona sind dabei die ersten Anlaufpunkte bei Reisenden. Es lohnen sich auch Städte wie Valencia, Sevilla oder Granada. Wer gerne auf eine der balearischen Inseln möchte, kann diese bequem mit der Fähre mit Interrail-Ermäßigung erreichen.

Portugal

Portugal grenzt direkt an Spanien und ist vor allem bei Surfern sehr beliebt. Die Hauptstadt Lissabon liegt direkt am Atlantik und ist am schnellsten von Spanien aus zu erreichen. Die portugiesische Küche gehört europaweit zu einer der besten und bietet unterschiedlichste Fischgerichte an. Nicht nur für Surfer ist das Land ein Paradies, sondern auch für Interrailer.

Osteuropa

Die osteuropäischen Länder werden oft nicht sonderlich beachtet, doch der Osten Europas hat einiges zu bieten. Die unbekannteren Regionen besitzen eine abenteuerlustige Backpacker-Kultur. Interrailer, die hier waren, schätzen Osteuropa sehr. Kulturell und geschichtlich gibt es einiges zu entdecken und die Natur lädt zu endlose Wanderungen und Erkundungstouren ein. Die großen Städte bieten ein großes Spektrum an Nachtaktivitäten und alternativen Szenen an. Eine Reise hierher ist für jeden Backpacking-Begeisterten empfehlenswert und mit einem Interrail-Pass geht dies ganz einfach.

Die beste Zeit für eine Reise in den Osten Europas ist von Mai bis August. Zu dieser Zeit ist es warm und es können viele Outdoor-Aktivitäten unternommen werden. Wem Kälte nichts ausmacht, der kann natürlich auch im Winter die Region bereisen. Zu dieser Zeit ist es dort aber deutlich kälter als in Zentraleuropa.

Estland

Estland gehört für Backpacker zu den einfach zu bereisenden Ländern, da es direkt mit der Fähre von Helsinki erreichbar ist. Die Hauptstadt Tallinn hat eine sehr schöne Altstadt sowie ein sehr schönes

Szeneviertel. Estland besitzt mehr als 2.000 Inseln, von denen nur 18 bewohnt sind. Besonders lohnt sich ein Ausflug auf die Inseln Saaremaa und Kihnu.

Lettland

Für eine Reise fernab vom Massentourismus ist Lettland ideal. Die Hauptstadt Riga war 2014 übrigens die Kulturhauptstadt Europas und hat eine ganze Menge zu bieten. Magst du es eher ruhig, sind die unzählige Nationalparks ideal für dich oder der lettische Badeort Jurmala.

Litauen

In Litauen musst du unbedingt die Hauptstadt Vilnius gesehen haben. Diese besitzt unzählige Kirchen und eine eigne Republik namens Uzupis. Willst du in diese Republik einreisen, musst du deinen Reisepass mitnehmen. Die Spaß-Republik wurde am 1. April von Kreativen gegründet und bietet dir einen schönen Stempel im Reisepass.

Slowakei

Die Slowakei ist vor allem durch die Hauptstadt Bratislava bekannt, hat aber noch eine Menge mehr zu bieten. Wanderer zieht es in die Hohe Tatra, die kleinen Alpen der Slowakei, Abenteurer in die Dobsiná-Eishöhle und entspannte Reisende für die Kultur nach

Kosice. Bei deinem Besuch solltest du unbedingt die Landesspezialität Bryndzové Halusky, Nocken mit slowakischem Käse, probieren.

Ungarn

Bei Ungarn fällt dir sicherlich als erstes die Hauptstadt Budapest und Gulasch ein. Die Hauptstadt wurde von Interrailern als beliebteste Stadt gewählt. Das liegt zum einen an der schönen Architektur, den günstigen Preisen sowie der großen Partyszene. Das Land hat aber weitaus mehr zu bieten. Neben der schönen Hauptstadt gibt es überall sehr leckeres Essen, den Plattensee und die geschichtsträchtige Stadt Holloko.

Ausblick auf Budapest

Balkan

Die Balkan Region ist oft mit einem schlechten Ruf belegt, der aufgrund von Instabilitäten zustande gekommen ist. Die Region wird jedoch unterschätzt, denn für Interrailer ist dieser Teil Europas sehr interessant und voller Überraschungen. Während einige Länder eine sehr gut ausgebaute Infrastruktur haben, fahren in anderen die Busse und Züge nach Lust und Laune. Kroatien bietet beispielsweise neben einem ausgezeichneten Bus- und Bahn-Netz eine Vielzahl an Fähren, um von Insel zu Insel zu reisen. In Rumänien hingegen ist der Busverkehr sehr schlecht und die Zugverbindungen sind deutlich besser.

Die ideale Reisezeit für den Balkan ist von Mai bis Oktober. In den Küstenregionen herrschen mediterrane Bedingungen wie in Südeuropa. Magst du es eher etwas milder, dann ist für dich das Landesinnere besser geeignet. Möchtest du hingegen nach Mazedonien oder Albanien reisen, solltest du dies aufgrund der Temperaturen von Juni bis September tun.

Albanien

In Albanien gibt es zwar kein Interrail, dafür gibt es ein gut ausgebautes Busnetz und Trampen ist im gesamten Land möglich. Die Hauptstadt Tirana ist einen

Abstecher wert und auch die Karstquelle Syri i Kaltër sowie die Burgruine Rozafa. Nach Albanien kommst du schnell über Montenegro oder von Italien aus mit der Fähre.

Bosnien & Herzegowina

Bosnien & Herzegowina ist bekannt für seine unberührte Natur und die gebirgige Landschaft. Da das Land sehr dünn besiedelt ist, ist es das ideale Reiseziel für Naturliebhaber. Es lohnt sich beispielsweise eine Wanderung zu den Kravica-Wasserfällen oder eine der anderen unzähligen Wanderrouten. Nicht nur Naturliebhaber kommen hier auf ihre Kosten, sondern auch alle anderen Reisenden. So gibt es beispielsweise in der Hauptstadt Sarajevo die Film-Festspiele und eine ausgezeichnete Architektur. Bist du auf der Suche nach dem perfekten Foto, solltest du zur Stari Most Brücke in Mostar reisen.

Bulgarien

Bulgarien ist für seine vielen Strände sowie die Hauptstadt Sofia bekannt. Diese ist sehr groß und extravagant gebaut und ein idealer Stopp für Zugreisende. Neben der Hauptstadt lockt die Hafenstadt Varna oder Sozopol sowie das Kloster Rila regelmäßig Reisende an.

Griechenland

Griechenland ist eines der unkompliziertesten Länder für Backpacker und mit den unzähligen Stränden auch eines der schönsten am Balkan. Es ist sehr abwechslungsreich und bietet für jeden etwas. Es lohnt sich eine Erkundung der antiken Hauptstadt Athens oder Inselhopping auf Kreta, Rhodos oder einer der zahlreichen anderen Inseln rund ums Festland. Hier ist für jeden Backpacker etwas dabei. Ein Geheimtipp sind die UNESCO-Klöster von Metéora nahe des Pindos-Gebirges.

Kroatien

Kroatien liegt direkt an der Adria und bietet sich perfekt für Backpacking an. Kaffee genießen in Zagrebs Straßencafés, an Splits Stränden entspannen oder Dubrovniks Altstadt erkunden. Mit dem Zug ist Zagreb der beste Anlaufpunkt und mit der Fähre kannst du von Venedig aus direkt in die kleine Hafenstadt Pula reisen.

Mazedonien

Mazedonien steht leider bei den wenigsten Backpackern auf der Reiseroute und das völlig zu Unrecht. Die Infrastruktur ist ausgezeichnet, die Unterkünfte sind günstig und es gibt eine Menge zu erleben. Erster Anlaufpunkt mit dem Zug ist die Hauptstadt Skopje. Hier wartet eine Erkundung des alten Basars oder eine Wanderung zum Milleniumskreuz auf dich. Abenteurer zieht es in den Matka Canyon, der mit mehr als 5.000 Hektar zu den beliebtesten Outdoor-Reisezielen gehört.

Montenegro

Montenegro kann unterschiedlicher gar nicht sein. Während du in den Gebirgen Ski fahren kannst, ist es am gleichen Tag auch möglich die warme Temperatur in der Boka Bucht, um Kotor zu genießen. Weitere lohnende Reiseziele in Montenegro sind die Tara-Schlucht und der Biogradska Gora Nationalpark.

Rumänien

In Rumänien warten viele historische Städte wie Sibiu oder Brașov auf dich. Dort kannst du nach der Stadtbesichtigung direkt eine Wanderungen beginnen oder an Outdoor-Aktivitäten teilnehmen. Wenn du Festivals liebst, dann solltest du das Untold-Festival in Cluj-Napoca besuchen. Die Künstler sind fast die gleichen wie auf dem Tomorrowland in Belgien, nur die Tickets sind deutlich günstiger. Findet das Festival nicht statt, bietet dir Cluj-Napoca eine Menge an Natur sowie einen Freizeitpark in einem alten Bergwerk.

Regenschirm Gasse in Bukarest

Serbien

Serbien ist ein unentdecktes Land und ein wahrer Geheimtipp in Europa. Die Hauptstadt Belgrad liegt direkt an der Donau und ist der beste Stopp für Zugreisende. Hier gibt es das Stadtviertel Novi Beograd mit seinen Blockbauten, den Platz der Republik mit seinen vielen Sehenswürdigkeiten sowie die Festung Kalemegdan. Bist du lieber außerhalb von Städten unterwegs, bietet sich eine Kajak- oder Mountainbike Tour an. Im Winter ist sogar Ski fahren im Kopaonik-Gebirge möglich.

Slowenien

Slowenien ist nicht überlaufen, obwohl das Land sehr schnell zu erreichen ist. Das hat den großen Vorteil, dass das Land trotz der großen Vielfalt relativ günstig ist. Die Hauptstadt Ljubljana ist der beste Anlaufpunkt für Zugreisende und auf dem Weg dorthin kann sogar ein Zwischenstopp am Bleder See gemacht werden. Auf dem See liegt eine kleine Insel samt Wallfahrtskirche und lädt zum Spazierengehen ein. Nicht weit entfernt liegt der Triglav-Nationalpark mit dem höchsten Berg des Landes. Die Flora und Fauna des Nationalparks ist artenreich und es gibt unzählige Bergpfade. Abenteurer lockt hier neben den Wanderungen das Wildwasserrafting.

Türkei

Die Türkei ist zwar etwas weiter entfernt, aber ein ideales Reiseziel zur Sommerzeit. In Istanbul tummeln sich die Menschen auf den Basaren und es gibt eine Vielzahl an Museen, die du erkunden kannst. Auch der Rest des Landes hat einiges zu bieten, ist aber mit sehr langen Zugfahrten verbunden. Dafür bietet dir Istanbul alles an, was das Herz begehrt. Neben Kultur und Basaren gibt es eine ausgezeichnete Backpacker-Szene und jede Menge guter Partys.

Backpacker am Bosporus

5. Unterkünfte

Eine geeignete Unterkunft zu finden ist dank des Internets sehr leicht geworden. Durch das Überangebot ist es aber gar nicht so einfach das Passende für sich zu finden. Deshalb erfährst du in diesem Kapitel welche Arten von Unterkünften es gibt, wie du diese buchst und worauf du dabei unbedingt achten solltest.

Bei meiner ersten Reise war ich leider ausschließlich in Hostels unterwegs, bis ich die Vielfalt von Couchsurfing, günstigen Hotels und Camping kennengelernt habe. Nicht alles wird dir zusagen, aber vielleicht ist die ein oder andere Übernachtungsmöglichkeit gar nicht so schlecht wie du vorher dachtest.

Tipp: Egal was du bevorzugst, die besten Unterkünfte habe ich immer durch andere Reisende oder Reiseblogs erfahren. Verlasse dich nicht auf Bewertungen im Internet, sondern nutze das Wissen von anderen Reisenden.

Tipp: In der Hochsaison oder an Feiertagen können Unterkünfte schnell ausgebucht sein. Weißt du bereits heute wo du nächste Woche sein wirst, dann buche zeitnah. Stornieren kannst du meist kostenlos.

Hostels

Hostels sind die geeignetste Unterkunft für eine Interrail-Tour, da du hier leicht andere Reisende kennenlernst und es meist ein gutes Angebot an Aktivitäten gibt. Hostels sind vergleichbar mit Jugendherbergen in Deutschland, richten sich jedoch eher an jüngere Backpacker. In Hostels lernst du leicht andere Reisende kennen und es werden oft Stadterkundungen oder Partys angeboten. Die Zimmer reichen dabei von Einzelzimmern bis zu acht Personen Mehrbettzimmern. Preislich liegen Hostels zwischen 10€ und 40€ pro Nacht in Abhängigkeit vom Reiseland und -zeit sowie der Qualität der Unterkunft. Nützliche Links:

> ⇒ Booking.com
> ⇒ Hostelworld.com
> ⇒ Hostelbookers.com

Darauf solltest du achten

Art des Hostels – Es gibt Hostels, die für ihre legendären Partys und langen Nächte bekannt sind. Liebst du es zu feiern, sind diese Hostels ideal für dich. Alle anderen sollten diese Hostels meiden, da es wirklich sehr laut werden kann.

Schlafsaalgröße – Schlafsäle für mehr als zehn Personen deuten auf ein reines Abkassierhostel hin.

Klar es ist etwas günstiger als andere, dafür ist hier die Diebstahlquote und die Anzahl der Partygänger sehr hoch. Grundsätzlich gilt: je kleiner der Schlafsaal umso besser wirst du schlafen können.

Frauenschlafsäle – Als alleinreisende Frau bieten diese Schlafsäle eine gewisse Sicherheit. Mehr dazu findest du im Kapitel Sicherheit für Frauen.

Schließfächer – Damit dir nichts abhandenkommt, sollte die gewählte Unterkunft ein Schließfach haben. Es wird zwar unter Backpackern sehr wenig gestohlen, das heißt aber nicht, dass es nicht doch vorkommen kann.

Lage – Ist das Hostel deutlich günstiger als alle anderen, kann das daran liegen, dass es weit außerhalb der Stadt liegt. Daher immer auf die Entfernung zum Stadtkern achten.

Sauberkeit – Einige Hostels sind wirklich sehr dreckig. Angefangen von der Küche übers Badezimmer bis hin zum Bettlaken. Die Sauberkeit kannst du den Bewertungen entnehmen.

Frühstück – Einige Hostels bieten ein kostenloses Frühstück an, was jedoch in vielen Fällen nur aus Toastbrot und Cornflakes besteht. Das lohnt sich nicht wirklich.

Ferienwohnungen

Unter Ferienwohnungen verbergen sind ganze Wohnungen oder einzelne Zimmer aus teilweise privaten Vermietungen. Dank der neuen Onlineplattformen kann jeder einfach sein Zimmer zur Vermietung an Reisende anbieten. Das hat für dich den Vorteil, dass du sehr günstig an eine zentrale Unterkunft kommst. Je nach Stadt und Lage der Wohnung sind die Preise ähnlich wie bei den Hotels. Für ein privates Zimmer oder eine ganze Wohnung fallen Kosten in Höhe von 40€ bis 120€ pro Nacht an. Dafür kannst du dort oft zu zweit übernachten oder im Idealfall sogar mit bis zu vier Personen. Nützliche Links:

⇒ Airbnb.de
⇒ Agoda.com

Darauf solltest du achten

Lage – Einige Unterkünfte sehen auf den ersten Blick sehr gut aus, liegen jedoch sehr weit außerhalb. Möchtest du nicht jeden Tag lange in Bus und Bahn verbringen, solltest du eine zentrale Unterkunft buchen.

Sauberkeit – Private Unterkünfte müssen nicht immer sauber sein. Das ist oft in Wohngemeinschaften der Fall. Du kannst das vorab in den Bewertungen nachlesen.

Couchsurfing

Bei Couchsurfing quartierst du dich bei Einheimischen ein, die dir einen Schlafplatz zur Verfügung stellen. Sie zeigen dir auch oftmals die Stadt, geben dir Insidertipps und somit lernst du die jeweilige Stadt beziehungsweise das Land auf eine andere Art und Weise kennen. Couchsurfing ist kostenlos, aber du solltest dich bei deinem Gastgeber mit einem kleinen Geschenk bedanken. Ich selbst habe meine Gastgeber meist zum Essen eingeladen oder eine Kleinigkeit aus der Heimat verschenkt. Nützliche Links:

⇒ Couchsurfing.com

Darauf solltest du achten

Großstädte – In Großstädten findest du sehr selten Unterkünfte, weil es eine große Nachfrage und nur ein kleines Angebot gibt. Ein Versuch ist es trotzdem wert und vielleicht hast du Glück.

Sauberkeit – Lies vorab die Bewertungen, da es ein paar sehr chaotische Couchsurfing-Gastgeber gibt. Die positiven Bewertungen weisen meist auf einen netten Gastgeber und nur dezent auf eine unsaubere oder chaotische Wohnung hin.

Nudisten – Es gibt ein paar Couchsurfer, die als Nudisten leben. Das heißt, dass sie nackt in ihrer

Wohnung leben. Sie schreiben häufig Reisende an und laden sie unter ihren Bedingungen in ihre Wohnung ein. Ich würde von solchen Angeboten lieber die Finger lassen!

Männer – Als Mann hast du es bei Couchsurfing oft nicht so leicht, da sowohl Gastgeberinnen als auch Gastgeber Frauen bevorzugen. Eine Chance auf eine nette Gastgeberin oder einen netten Gastgeber besteht natürlich trotzdem.

Frauen – Als Frau bekommt man recht leicht eine Unterkunft und auch immer mal wieder unseriöse Anfragen. Schau daher genau nach, wer dir das Angebot macht oder erwähne mehrfach deinen Partner, damit keine falschen Gedanken aufkommen.

BeWelcome

BeWelcome ist die bekannteste Alternative zu Couchsurfing. Die Plattform hat leider nicht so viele Benutzer, dafür überzeugt sie mit besseren Funktionen und mehr Sicherheit als Couchsurfing. BeWelcome hat das Motto »Gastfreundschaft und kultureller Austausch«.

⇒ BeWelcome.org

HelpX

Help Exchange oder kurz HelpX ist eine Plattform, die Volontäre auf der Suche nach einer Unterkunft unterstützt und diese mit möglichen Gastgebern in Verbindung bringt. Anstatt nur eine Unterkunft zu suchen, findest du hier einen Gastgeber, den du bei der täglichen Arbeit unterstützt. Du arbeitest 4-5 Stunden pro Tag an verschiedenen Aufgaben oder Projekten mit und erhältst dafür als Gegenleistung eine kostenlose Unterkunft und Verpflegung.

⟹ HelpX.net

Hotels

Eine weitere Möglichkeit, eine Unterkunft zu finden, sind Hotels. Diese sind meist recht teuer im Vergleich zu den anderen Unterkünften. Reist ihr zu zweit, kann es je nach Reiseland auch sehr günstige Angebote geben. In Osteuropa und am Balkan gibt es beispielsweise eine Menge erschwinglicher Hotels. Ansonsten rate ich von Hotels eher ab, da du dort als Alleinreisender kaum Leute kennenlernen wirst.

⟹ Booking.com

Camping

Eine leider zu Unrecht immer seltener genutzte Unterkunft ist Camping. Dabei kannst du sehr kostengünstig auf Campingplätzen oder in der Natur übernachten. Auch wenn du das extra Gepäck schleppen musst, bekommst du dafür die schönsten Übernachtungsplätze unter freiem Himmel. In Skandinavien gilt das „Jedermannsrecht", was dir erlaubt überall für eine Nacht dein Zelt aufzustellen. Liebst du die Natur und magst Camping, dann ist das eine ausgezeichnete Möglichkeit, deine Interrail-Tour zu erleben.

⇒ 1nitetent.com

⇒ zeltzuhause.de

6. Budgetplanung

In diesem Abschnitt klären wir, wie viel Geld du ungefähr für deine Interrail-Tour benötigst. Als erstes solltest du dafür eine grobe Planung deiner Route machen. Du kannst dann deine Kosten besser einschätzen und weißt, was du an Ausrüstung benötigst. Im Winter nach Schweden? Dann benötigst du eine Winterjacke und ein großes Budget. Im Sommer nach Kroatien? Dann benötigst du eine Badehose und deutlich weniger Geld. Plane daher grob zu welcher Jahreszeit du wie lange in welches Land reisen möchtest. Die genauere Reiseplanung folgt dann in den weiteren Kapiteln.

Kosten für Zugtickets

Das erste Interrail-Ticket hat im Jahr 1972 genau 235 Mark gekostet und war einen Monat lang gültig. Seitdem hat sich viel getan und es sind verschiedene Ausführungen dazu gekommen. Die Kosten dafür unterscheiden sich anhand der Dauer, der Länder und ob du einzelne Reisetage hast oder am Stück reist. Je länger du reist, desto günstiger wird jede einzelne Fahrt, dafür steigt aber der Gesamtpreis des Tickets.

Flexible Global Pass

- 4 Tage – 1 Monat ab 185€ (46€ pro Reisetag)
- 5 Tage – 1 Monat ab 212€ (42€ pro Reisetag)
- 7 Tage – 1 Monat ab 251€ (36€ pro Reisetag)
- 10 Tage – 2 Monate ab 301€ (30€ pro Reisetag)
- 15 Tage – 2 Monate ab 370€ (25€ pro Reisetag)

Continuous Global Pass

- 15 Tage am Stück ab 332€ (22€ pro Tag)
- 22 Tage am Stück ab 389€ (18€ pro Tag)
- 1 Monat am Stück ab 503€ (17€ pro Tag)
- 2 Monat am Stück ab 548€ (9€ pro Tag)
- 3 Monate am Stück ab 677€ (7,5€ pro Tag)

One Country Pass

Die One Country Pässe fangen je nach Länderkategorie bei 105€ für drei Reisetage an. Da diese jedoch nicht sonderlich interessant sind, verzichte ich auf eine detailliertere Ausführung. Klingt im ersten Moment günstiger als der Global Pass, dafür musst du die Anreise selbst zahlen und kannst nur im gewählten Reiseland reisen, ist also nicht wirklich Interrail.

Tipp: Auf dein Interrail-Ticket erhältst du bis 27 Jahre den ermäßigten Preis und buchst du frühzeitig, gibt es sogar bis zu 15% Rabatt zusätzlich.

Reservierungskosten

Je nach Reiseland fallen bei deiner Interrail-Tour zusätzliche Kosten für Reservierungen an. Kaufst du diese rechtzeitig, sparst du Geld, da sie kurz vor Abreise teuer werden können. Eine Reservierung ist nicht überall notwendig. In Frankreich herrscht beispielsweise eine Reservierungspflicht für TGV-Schnellzüge. Diese gibt es von 6€ bis 18€ und sind im schlechtesten Fall bereits ausverkauft. Die Kosten sind unterschiedlich und belaufen sich je nach Buchungszeitraum und Reiseland auf 3€ bis 144€ pro Fahrt. Keine Sorge, die 144€ beziehen sich auf Nachtzugfahrten in einem privaten Abteil. Nutzt du Nachtzüge, wird die Reservierungsgebühr zwar deutlich höher, dafür sparst du eine Nacht im Hostel. Was für Kosten auf dich zukommen, ist schwer abzuschätzen. Deshalb habe ich eine Umfrage mit Interrailern bezüglich ihrer Reservierungskosten durchgeführt. Kurzgefasst ergab die Umfrage, dass knapp 65% weniger als 60€ für Sitzplatzreservierungen ausgaben.

- Bis 30€   38,9%
- 31€ - 60€   26,4%
- 61€ - 90€   14,5%
- Mehr als 90€   20,3%

Zugtypen

Je nach Zugtyp fallen unterschiedlich hohe Reservierungsgebühren an. Hier erhältst du einen kleinen Überblick über die beliebtesten Zugtypen samt Kosten. Dies dient natürlich nur als kleines Beispiel, denn die Kosten können variieren.

Regionalzüge – Für lokale Züge, die zwischen kleineren Städten fahren, ist in der Regel keine Reservierung notwendig und auch nicht empfehlenswert. Die Züge fahren nur kürzere Strecken und sind meist nicht sonderlich voll.

Intercity & Eurocity Züge – Intercity & Eurocity Züge fahren im Stundentakt zwischen allen größeren, europäischen Städten und bietet damit eine gute Reisemöglichkeit. Reservierungen sind in der Regel nicht notwendig, aber je nach Saison kann eine Reservierung Sinn machen. Gerade zwischen sehr beliebten Städten oder am Wochenende.

Hochgeschwindigkeitszüge – Für Hochgeschwindig- keitszüge sind je nach Land Reservierungen notwendig. Es gibt nur wenige Ausnahmen, bei denen du nicht vorher reservieren musst. Je nach Kontingent und Saison, kann es vorkommen, dass der jeweilige Zug bereits ausgebucht ist und du eine Alternative suchen musst. Der durchschnittliche Preis für die Sitzplatzreservierung in Hochgeschwindigkeitszügen liegt laut Interrail bei nationalen Verbindungen bei 10€ und bei internationalen Verbindungen bei 15€.

Nachtzüge – Eine Fahrt im Nachtzug ist ohne Reservierung nicht möglich, da die Plätze im Liege- oder Schlafabteil begrenzt sind. Der Preis der Reservierung hängt stark von deinem Komfort ab – erste oder zweite Klasse, 3er oder 6er Abteil und gegebenenfalls weitere Faktoren. Liegewagen sind deutlich günstiger und unterscheiden sich zu Schlafwagen mit einer höheren Belegungsdichte, weniger Privatsphäre und weniger Komfort. Ein Platz im Liegewagen kostet zwischen 13€ und 44€ und ein Platz im Schlafwagen zwischen 29€ und 144€. Der Durchschnittspreis für Nachtzüge liegt laut Interrail bei 20€ pro Reservierung, was meiner Meinung nach etwas zu niedrig angesetzt ist.

Ausgaben je Reiseland

Unter den Länderkosten verbergen sich die Kosten für die Unterkünfte, Essen & Trinken, Aktivitäten sowie weitere Ausgaben wie beispielsweise Souvenirs. Ich habe dafür über 200 Reiseblogger nach ihren Kosten je Reiseland gefragt und dabei sind mehr als 1000 Datensätze entstanden. Von diesen Daten habe ich den oberen und unteren Mittelwert gebildet. Anders gesagt: Der günstigste Wert entspricht dem eines durchschnittlichen Budgetpackers, jemandem der eher langsam reist und auf sein Geld achtet, und der teuerste Wert dem eines durchschnittlichen Flashpackers, jemandem der schnell reist und öfters mal mehr Geld ausgibt. Es geht also noch günstiger, aber eben auch noch teurer.

Kosten	Tag	Woche
Zentraleuropa	36€ - 51€	252€ - 357€
Skandinavien	47€ - 62€	329€ - 434€
Südeuropa	30€ - 40€	210€ - 280€
Osteuropa	21€ - 29€	147€ - 203€
Balkan	20€ - 28€	140€ - 196€

Ausgaben reduzieren

Ein großer Teil des Geldes verschwindet monatlich, ohne dass wir es wirklich bemerken. Grund dafür ist, dass wir Verträge oder Abos haben oder mal hier mal da eine Kleinigkeit kaufen. Ich selbst denke mir immer: 5€ oder 10€ pro Monat sind doch gar nicht so viel Geld. Allerdings sind 5€ pro Monat ganze 60€ im Jahr und 10€ ganze 120€. Auf zehn Jahre gerechnet sind 10€ pro Monat mehr als 1.000€. Von dem Betrag kannst du dir eine schöne Reise leisten. Ich zeige dir hier verschiedene Möglichkeiten, wie du ein Jahr vor deiner Reise Geld sparen kannst.

Abos kündigen - Hast du laufende Abos für Zeitschriften, Zeitungen oder Musikstreaming? Dann überlege dir, ob du diese wirklich benötigst oder dir lieber das Geld sparst. Anstelle von Spotify Premium kannst du beispielsweise die kostenlose Version nutzen oder du nutzt die ein bis drei Freimonate von Deezer oder Amazon Music. Das sind je nach Abotyp bereits 5€ - 10€ im Monat, die du sparst. Gleiches gilt für Zeitschriften oder Zeitungen. Diese kannst du durch spannende Blogbeiträge ersetzen. Hierbei sparst du je nach Abo sogar deutlich mehr.

Verträge überprüfen - Überprüfe deine aktuellen Handy-, Versicherungs-, DSL- und Fitnessstudioverträge. Klar, es gibt Kündigungsfristen oder eine Frist zur Änderung des Vertrages, aber eine Überprüfung macht immer Sinn. Bei deinem Handyvertrag kannst du meist zu gleichen Konditionen weniger bezahlen oder bei einem gleichbleibenden Preis mehr Datenvolumen bekommen. Somit sparst du entweder Geld oder kannst während deiner Reise länger im Internet surfen. Das gleiche gilt auch bei DSL und Versicherungsverträgen. Hier habe ich selbst je Vertrag 15€ eingespart, also ganze 180€ pro Jahr, und zusätzlich drei Gigabyte Datenvolumen zusätzlich bekommen, die ich in ganz Europa nutzen kann.

Bei deiner Fitnessstudio Mitgliedschaft, kannst du auf ein kostenloses Workout in der Natur oder in Parks umsteigen. Ich selbst gehe seit sieben Jahren nicht mehr ins Fitnessstudio und laufe stattdessen lieber in der Natur und mache Workouts in Parks. Anders gesagt: 7 Jahre x 12 Monate x 30€ = 2.520€ = 2 Monate mit Interrail reisen.

Konsum reduzieren – Ein belegtes Brötchen zwischendurch, hier eine Flasche Wasser und da einen Kaffee. Alles meist unter zwei Euro, also doch gar nicht so viel Geld, oder? Auf das Jahr gesehen machen diese Beträge aber eine große Menge an möglichen Einsparungen aus. Sich morgens Zuhause selbst den Kaffee kochen, eine Flasche mit Wasser mitnehmen und sich selbst ein Brot schmieren spart dir viel Geld.

Ich weiß, das ist nicht immer leicht und muss auch nicht jeden Tag sein, aber es spart Geld. Ich selbst halte das auch nicht immer ein und kaufe mir ab und zu etwas.

Ausrüstung schenken lassen – Du kannst dir deine Ausrüstung zum Geburtstag oder zu Weihnachten schenken lassen. Somit sparst du dir einige Euros und bekommst sinnvolle Geschenke anstelle unnötiger Gegenstände.

Wohnung untervermieten – Die eigene Wohnung oder das WG-Zimmer musst du trotz deiner Reise weiterhin bezahlen, obwohl du es nicht nutzt. Versuche daher deine vier Wände über den Zeitraum unterzuvermieten. Es gibt immer Menschen, die vielleicht für eine Schulung oder ähnliches auf der Suche nach einer Wohnung sind oder Studenten, die noch kein festes Zimmer gefunden haben. Ich selbst habe meine Wohnung einmal für zwei Wochen vermietet und habe so die Hälfte der Miete gespart und hatte jemanden, der meine Blumen gegossen hat.

Extra Jobs annehmen – Kleine Jobs nebenbei helfen dir, dein Reisebudget aufzustocken. Das können einfache Aufgaben wie Rasenmähen für den Nachbarn sein, Texte gegen Bezahlung Korrektur lesen oder mit Hunden Gassi gehen. Hast du Spaß an solchen Dingen, sind dies schnell verdiente Euros. Einen großen Teil meiner ersten Reise habe ich mir durch das Rasenmähen beim Nachbarn verdient. Einmal im Monat 15€ und das 8 Jahre lang sind eine ganze Menge Geld. Während meines Bachelors habe ich am Wochenende Schulungen für Kinder und Jugendliche zu erneuerbaren Energien angeboten. Dafür habe ich einfach mein Wissen aus den Vorlesungen genutzt und pro vierstündigen Workshop ganze 200€ verdient. Es gibt immer eine Möglichkeit, den ein oder anderen Euro nebenbei zu verdienen.

Unterwegs bezahlen

Bargeld – Reist du nicht durch Skandinavien, wird dich Bargeld überall begleiten. In Europa ist dies immer noch nicht wegzudenken. In deinem Portemonnaie solltest du mindestens 100€ haben, damit du im Notfall auch eine Nacht in deiner Unterkunft bar bezahlen kannst, falls kein Geldautomat (ATM) in der Nähe ist. Grundsätzlich kommst du in Europa mit Euros zurecht, es sei denn du reist beispielsweise nach Skandinavien. Dort wird in Kronen gezahlt, aber dafür gibt es dort fast kein Bargeld mehr.

Ich selbst nutze kaum noch Bargeld, merke auf Reisen allerdings oft, wie wichtig es ist. So konnte ich in einem Berliner Restaurant nicht bezahlen, da dieses nur Bargeld akzeptierte. Auf einem Flohmarkt in Paris fehlte mir Bargeld zum Kaufen eines Souvenirs und in

Rumänien musste das Hotel in bar bezahlt werden. Du solltest also immer etwas dabeihaben.

EC-Karte – Eine EC-Karte hat vermutlich jeder Reisende und kann diese überall in Europa zum Geld abheben und bezahlen nutzen. Ob du deine Karte nutzen kannst, siehst du an dem Maestro Zeichen an dem jeweiligen Geldautomaten (ATM) oder Kartenlesegerät. Die Banken haben jedoch bestimmte Regelungen zur Nutzung der Karten und du solltest dich über Partnerbanken und deren Konditionen informieren. Nutzt du beliebige Geldautomaten, können sehr hohe Gebühren anfallen. Ich nutze deshalb meine EC-Karte nur sehr selten und so oft wie möglich meine Kreditkarte.

Kreditkarte – Mit einer Kreditkarte kannst du nicht nur in Europa, sondern auf der gesamten Welt bezahlen. Dabei spielt es keine Rolle, ob du eine VISA oder Mastercard nutzt, da beide fast überall akzeptiert werden. Bei der Nutzung deiner Kreditkarte fallen in der Regel ähnliche Gebühren, wie bei der EC-Karte an, es sei denn, du nutzt die richtige Bank. Dann zahlst du weltweit keine Gebühren beim Geld abheben oder beim Bezahlen. Ich selbst bin vor über zehn Jahren auf die Kreditkarte der DKB umgestiegen und habe diese bereits auf der ganzen Welt genutzt. So konnte ich nicht nur viele Gebühren einsparen, sondern auch sämtliche Geldautomaten nutzen. Über meine Erfahrungen habe ich bereits geschrieben und aktualisiere diese regelmäßig. Schau einfach hier nach:

⇒ Backpacker-Dude.com/BUCH/DKB *
⇒ Backpacker-Dude.com/BUCH/Vergleich

Überblick behalten

Das eigene Budget kann sehr schnell zur Neige gehen, wenn du deine Kosten nicht im Überblick hast. Schreibe daher vorab dein Reise-Budget auf und schätze deine Kosten ungefähr ab. Plane dabei auch einen Puffer von 10% ein, falls unerwartete Kosten auf dich zukommen sollten. Während der Reise kannst du abgleichen, wie viel Geld du noch übrig hast oder mehr sparen musst. Zum Tracking deiner Ausgaben eignen sich die nachfolgenden Apps.

⇒ Splid
⇒ Tricount
⇒ Settle Up

7. Ausrüstung

Die Planung der Interrail-Reise ist die eine Sache, die richtigen Dinge einzupacken die andere. Die hier aufgeführte Packliste ist während meiner Reisen rund um die Welt entstanden und durch meine Interrail-Reise nochmals optimiert worden. Diese minimalistische Packliste beinhaltet nur die wichtigsten Dinge, die du wirklich benötigst. Es ist nichts nerviger, als zu viel Gepäck zu schleppen und alles immer wieder ein- und auszupacken. Hast du etwas vergessen, kannst du es dir einfach nachkaufen. Bei der Packliste spielt es keine Rolle, ob du eine Woche oder drei Monate unterwegs bist. Die Packliste bleibt die gleiche.

Tipp: Wenn du rechtzeitig planst, musst du dir fehlende Ausrüstung nicht selbst kaufen. Du kannst sie dir einfach zu Weihnachten, dem nächsten Geburtstag oder zwischendurch wünschen. Mein Backpack war beispielsweise ein Weihnachtsgeschenk und die Vorhängeschlösser gab es zum Geburtstag.

Rucksack

Eine heiß diskutierte Frage im Internet ist: „Soll ich einen Rucksack oder Koffer für meine Reise nutzen?" Die Antwort darauf ist sehr einfach: Ein Rucksack ist für Interrail die beste Möglichkeit, flexibel zu reisen. Mit einem Koffer bist nicht nur unflexibel, sondern auch noch unbeweglich, weil du ihn nicht auf dem Rücken tragen kannst. Ich selbst spreche da aus langjähriger Erfahrung und bin durch meine Reisen von Reiserucksäcken überzeugt. Die Praxis beweist es, du wirst bei deiner Reise keinen Interrailer mit Koffer sehen.

Es gibt zwei Unterschiede von Reiserucksäcken. Es gibt große Rucksäcke, auch Backpack genannt, und es gibt kleinere Rucksäcke, auch Daypacks genannt. Der große ist für dein Reisegepäck und die Strecken von Ort zu Ort und der kleine für Tagesausflüge gedacht. Ein Backpack ist dabei Pflicht und ein Daypack optional. Ich selbst nutze immer einen „Turnbeutel" als Daypack. Der nimmt wenig Platz weg und ich kann ihn gut im Backpack verstauen.

Wichtig beim Kauf deines Backpacks ist, dass du auf einen renommierten Markenrucksack setzt. Die kosten zwar zwischen 100€ und 150€, halten dafür aber ewig. Ich selbst nutze meinen Rucksack seit zehn Jahren und dieser wird mich sicherlich noch weitere zehn Jahre begleiten. Auf Reisen habe ich mehrere Backpacker kennengelernt, die billige 50€ Backpacks dabei hatten, bei denen nach einem Monat bereits die Reißverschlüsse kaputt gegangen sind. Der Rucksack ist dein wichtigster Begleiter, an dem du nicht sparen solltest.

Tipp: Du bist dir nicht sicher, welcher Backpack am besten zu dir passt? Eine Füllmenge von 60 Litern reichen vollkommen aus und du kannst Backpacks in Outdoor-Fachgeschäften ausprobieren. Dort wird dir der Verkäufer extra Gewicht in den Rucksack legen, damit du weißt, wie er sich gepackt anfühlt.

Kleidung

An der Anzahl der Kleidungsstücke auf der Packliste scheiden sich die Geister, da jeder eine andere Vorstellung davon hat, was wichtig ist. Aus diesem Grund solltest du dir genau überlegen, was du von den aufgeführten Dingen wirklich benötigst, und was du Zuhause lassen kannst. Um herauszufinden wie viele Kleidungsstücke du mitnehmen solltest, kannst du mit einem einfachen Trick arbeiten:

Lege die Kleidungsstücke, die du mitnehmen willst, in eine Ecke deines Zimmers und nutze nur diese Kleidungsstücke für zwei Wochen. Du wirst schnell merken, ob dir was fehlt oder ob du etwas zu viel eingeplant hast. Waschen ist natürlich erlaubt, da du das auch während deiner Reise machen kannst. Alles was zu viel ist, packst du wieder aus und alles was fehlt kommt mit auf deine Interrail-Packliste. Hier mein Vorschlag:

- 5 T-Shirts – Merinowolle ist ideal zum Reisen
- 2 kurze Hosen / Rock / Kleid
- Lange Hose – eine reicht vollkommen aus
- dünner Pullover – für kühlere Abende
- dicker Pullover – falls es doch mal kalt wird
- 7 Socken – natürlich paarweise
- 7 Unterwäsche – passt zum Waschrhythmus
- Sportschuhe – für längere Strecken
- schöne Schuhe – falls du mal ausgehst
- Badehose / Bikini – das Meer wartet schon
- Sonnenbrille – passende für den Strand & Stadt
- Regenjacke – falls es doch mal regnen sollte

Tipp: Die meisten Reisenden machen eine Interrail-Tour im Sommer, weshalb die Liste daran angepasst ist. Solltest du jedoch im Winter reisen, ist es natürlich sinnvoll eine dicke Jacke, eine Mütze und einen Fleece Pullover einzupacken. Der Pullover ist übrigens auch im Frühling und Herbst sehr sinnvoll, weil es abends und morgens kühl sein kann.

Kulturbeutel

Fast alles das, was du Zuhause benötigst, solltest du auch auf die Reise mitnehmen. Am besten kleiner, auslaufsicher und leichter. In meiner Auflistung verlinke ich deshalb zu guten Alternativen für deine Interrail-Tour. Du kannst natürlich einfach deine Badutensilien bei einer der großen Drogerieketten kaufen, jedoch sind die Reisegrößen deutlich teurer und nicht umweltfreundlich verpackt. Einen Reiseföhn kannst du übrigens Zuhause lassen, da alle Unterkünfte einen Föhn zum Leihen anbieten.

- Zahnbürste & -pasta
- feste Reiseseife
- Reisehandtuch aus Mikrofaser
- Rasierer & Rasierschaum
- Sonnencreme
- Erste Hilfe Set in Reisegröße
- persönliche Medikamente
- sonstige Hygieneartikel

Tipp: In einen Reisekulturbeutel kannst du alles kompakt verstauen und diesen in der Unterkunft im Bad aufhängen. Außerdem kannst du ihn schnell zusammenfalten und hast einen extra Auslaufschutz für Flüssigkeiten.

Unterlagen

All deine wichtigen Unterlagen solltest du an einem Ort aufbewahren. Am besten eignet sich dazu ein Organisator oder ein Fach in deinem Backpack. Bei allen Reisen, egal ob Interrail oder nicht, gilt immer, dass die wichtigsten Gegenstände Ausweis/Reisepass und Bargeld/Kreditkarte sind. Alles andere kann ersetzt werden. Ein geklauter Rucksack kann nachgekauft werden, fehlendes Geld hingegen führt zu viel größeren Problemen und ist schwerer zu beschaffen. Gleiches gilt für deinen Ausweis/Reisepass, auch wenn es in Europa nicht ganz so schlimm wie in anderen Ländern ist. Daher passe auf diese zwei Dinge immer ganz besonders gut auf!

- Interrail-Pass
- Personalausweis oder Reisepass
- Bargeld – ist immer gut
- Reisekreditkarte
- EC-Karte
- Reisejournal – Tagebuch & Reiseplaner
- Europäische Versicherungskarte
- Impfausweis & Allergiepass
- Interrail-Karte
- Reiseführer
- Tauchschein

Camping

Solltest du während deines Interrail-Abenteuers mit dem Zelt unterwegs sein, enthält deine Packliste etwas mehr Equipment. Die wichtigsten Gegenstände dabei sind Zelt, Schlafsack und Isomatte. Natürlich kannst du deutlich mehr einpacken, aber du solltest auf das Gewicht achten.

- Schlafsack
- Zelt
- Isomatte

Sonstiges

Unter Sonstiges fallen alle elektronischen Geräte sowie Gegenstände, die ich nicht anders einordnen konnte. Wie in den anderen Kategorien auch, sind hier nur die Basics aufgeführt und du kannst deine persönlichen Gegenstände individuell ergänzen.

- Kamera – Speicherkarte & Ersatz-Akkus
- Ladekabel – fürs Smartphone & Kamera
- E-Book Reader & Hörbuch App
- Kopfhörer – für Musik & Hörbücher
- Karabiner – zum Aufhängen des Backpacks
- Ohrstöpsel – es gibt schnarchende Interrailer
- Schlafmaske – falls jemand lang wach bleibt

- Wasserflasche – spart sehr viel Geld
- Schloss – für das Schließfach in den Unterkünften

Reiseführer

Ein Reiseführer lohnt sich, da du einen guten Überblick über das Land bekommst. Neben aktuellen Informationen über Unterkünfte gibt es Veranstaltungen und vieles mehr. Ein Reiseführer ist allerdings nicht Pflicht, sondern eher ein einfacher Weg, schnell und kompakt an Informationen zu kommen. Reiseblogs reichen meiner Meinung nach vollkommen aus, sich über die jeweiligen Länder oder Städte zu informieren. Der Vorteil bei einem Reiseführer ist, dass die Informationen alle zwei Jahre aktualisiert werden und du immer das volle Spektrum an Informationen erhältst. Bei den meisten Reiseblogs, meinem eingeschlossen, wird mehr über Aktivitäten berichtet, die der Blogger mag und die dir eventuell nicht gefallen. Ich selbst liebe Fotografie und erwähne immer ein Fotomuseum in meinen Beiträgen, dafür lasse ich manchmal die bekannten Sightseeing Orte aus. Möchtest du keinen Reiseführer nutzen, musst du einen Reiseblogger finden, der zu dir passt.

Lonely Planet Europa

Der Lonely Planet Europa bietet dir sämtliche Informationen zu allen Ländern in Europa. Hier findest du alles von der Metropole bis hin zu kleinen Ortschaften. Du erhältst Tipps für Sightseeing, Unterkünfte und Restaurants. Für jedes Land gibt es einen guten Überblick und Highlights der Kultur. Der Lonely Planet ist jedoch sehr groß und schwer, da wirklich alle Länder beschrieben sind. Reist du in eine bestimmte Region, macht ein Reiseführer nur für diese Region mehr Sinn.

⇒ Backpacker-Dude.com/BUCH/Europa *

Lonely Planet the best things in life are for free

Anstelle eines kostenpflichtigen Reiseführers kannst du auch den kostenlosen Reiseführer von Lonely Planet nutzen. Dieser beinhaltet die besten und gleichzeitig kostenlosen Highlights auf der ganzen Welt. Für Europa gibt es einige ausgezeichnete Tipps und Karten von den größeren Städten. Der Reiseführer ist zwar in Englisch, aber sehr gut verständlich und habe ich es schon erwähnt? Kostenlos!

⇒ Backpacker-Dude.com/BUCH/FreeTravelGuide

Interrail-Karte Marco Polo Karte

Der Marco Polo Verlag hat eine wasserfeste Interrail-Karte erstellt, auf der du alle Routen nach Ländern aufgelistet findest. Zusätzlich erfährst du neben dem Streckennetz noch alle grundlegenden Informationen zu dem jeweiligen Reiseland. So weißt du vorab, welchen Reiseadapter du benötigst und was du dir unbedingt im jeweiligen Reiseland angucken solltest.

$\Rightarrow$ Backpacker-Dude.com/BUCH/MarcoPolo *

Interrail-Karte kostenlos

Anstelle einer gekauften Karte kannst du auch die kostenlose Interrail-Map nutzen. Diese bietet dir sämtliche Zugstrecken, ungefähre Fahrzeiten und ganz Europa auf einen Blick. Nutzt du die Karte mit den Informationen aus diesem Buch, musst du kein Geld extra ausgeben. Die Karte findest du vorab online und gedruckt zusammen mit deinem Ticket via Post.

$\Rightarrow$ Backpacker-Dude.com/BUCH/FreeMap

Gedruckt oder Digital

Lohnt sich ein Reiseführer oder eine Karte in Papierform eigentlich noch, wenn es diesen günstiger in digitaler Form gibt? Jein, ein gedruckter Reiseführer lädt zum Durchblättern ein und es können per Zufall Orte entdeckt werden. Gerade bei der Routenplanung ist eine gedruckte Karte deutlich besser. Zudem ist die gedruckte Version jederzeit verfügbar und funktioniert auch ohne Strom. Ein Nachteil ist das Gewicht bei dickeren Reiseführern und dieser nimmt Platz im Reisegepäck ein. Bei der Karte empfehle ich dir, eine gedruckte Version mitzunehmen. Beim Reiseführer musst du dir überlegen, ob du eine gedruckte oder digitale Version mitnimmst.

Unnötiges

Die offizielle Interrail-Packliste ist leider nicht zu empfehlen, da diese einige unnötige Dinge enthält. Es wird beispielsweise geraten, einen Wecker mitzunehmen, den jeder ja bereits in seinem Smartphone integriert hat. Außerdem werden ein Flaschenöffner und eine Schwimmbrille empfohlen. Ernsthaft!? Wer als Backpacker unterwegs ist und im Notfall eine Flasche nicht ohne Flaschenöffner aufbekommt, der sollte lieber zuhause bleiben und schwimmen gehen. Mit Schwimmbrille natürlich! Kleiner Spaß, aber es gibt wirklich viel unnützes Zeug, was du Zuhause lassen kannst. Hier einige Beispiele:

- Wecker
- Rucksacknetzschloss
- Hängematte
- Waschbeutel
- Astronautennahrung
- Geldgürtel

Wie viel einpacken?

Die richtige Menge an Gepäck einzupacken ist gar nicht mal so einfach, aber diese Packliste liefert dir einen guten Richtwert für deine Interrail-Tour. Dabei spielt es keine Rolle, ob du ein paar Tage unterwegs bist oder sogar ganze vier Wochen. Ergänze diese Packliste nach Belieben oder lass einfach Gegenstände weg. Du wirst sicherlich innerhalb der ersten Reisetage feststellen, dass du etwas vergessen hast. Das ist jedoch kein Problem, da du dir alles leihen oder zur Not nachkaufen kannst. Das ist besser, als am Ende der Reise festzustellen, dass du zu viel Unnötiges mitgeschleppt hast und deswegen nicht flexibel reisen konntest. Daher lieber zu wenig einpacken als zu viel.

Tipp: Ein sehr guter Backpacker-Trick ist es, beim Packen einen leeren Schuhkarton mit in den Rucksack zu packen. Vor dem Reiseantritt wird dieser natürlich wieder entfernt und schon hast du ein Stückchen Reserve-Freiraum in deinem Rucksack (zum Beispiel für Souvenirs).

8. Sicherheit

Europa ist der sicherste Kontinent der Welt. Die medizinische Versorgung ist ausgezeichnet. Du kannst dich außerdem überall mit Englisch verständigen. Das Schlimmste was dir passieren kann, ist, dass du einen Zwischenstopp an einem Ort machst, der dich zu Tode langweilt. Um dich dennoch auf alle Eventualitäten vorzubereiten, erfährst du hier, wie du dich absichern kannst und was du in den jeweiligen Fällen unternehmen kannst.

Dokumente sichern

Eine Kopie deines Ausweises, Reisepasses oder Impfausweises sicherst du am besten über eine Cloud. Dazu kannst du den kostenlosen Speicherplatz einer der renommierten Cloudanbieter nutzen. Eine bessere Alternative ist, den Onlinetresor deines Onlinebankings zu nutzen. Fast alle Onlinebanken bieten dir etwas Onlinespeicher zum Sichern deiner wichtigsten Daten an. Ich selbst sichere dort meinen Reisepass, Impfausweis und weitere Dokumente wie beispielsweise meinen Tauchausweis. Verlierst du eines deiner Dokumente, bekommst du immer eine digitale Kopie.

$\Rightarrow$ Dropbox.com

$\Rightarrow$ Drive.Google.com

$\Rightarrow$ Box.com

Taschendiebstahl

Geklaut wird überall und du kannst dich egal ob Zuhause oder unterwegs, kaum dagegen wehren. Es gibt aber gute Tipps, wie du dich etwas absichern kannst. Außerdem erfährst du, was du bei Verlust deiner Kreditkarte oder deines Smartphones unternehmen musst.

- Wertgegenstände & Portemonnaie nah am Körper tragen
- Wenig Bargeld mitnehmen und dieses nicht offen zeigen
- Eine EC- & Kreditkarte im Portemonnaie und eine im Gepäck
- Vorsicht bei Gemengen und vermeintlichen Anremplern

Ausweis verloren

In Europa seinen Ausweis oder Reisepass zu verlieren, ist im Vergleich zu anderen Ländern relativ harmlos. Wichtig ist nur, dass du diesen als gestohlen oder verloren meldest, da er sonst von Kriminellen genutzt werden kann. Es gibt leider immer wieder Betrügereien mit falschen Ausweisdokumenten. Sind deine Dokumente jedoch bei der Polizei gemeldet, ist die Wahrscheinlichkeit deutlich geringer, dass Betrüger sie nutzen.

Einen neuen Ausweis oder Reisepass kannst du während deiner Reise beantragen und in einem der Konsulate abholen. Je nachdem wie lange deine Reise noch dauert, lohnt sich das manchmal zeitlich nicht mehr. In Unterkünften kannst du zur Not auch mit einer Kopie deines Ausweisdokuments einchecken. Musst du dich ohne Dokumente ausweisen, ist das im schlimmsten Fall mit dem Besuch einer Polizeistation verbunden, auf der deine Personalien geklärt werden. Einen neuen Ausweis oder Reisepass bekommst du bei der Botschaft oder im Konsulat, welche in jedem Land vertreten sind.

Kreditkarte verloren

Nicht in Panik verfallen. Du kannst deine Karte jederzeit sperren und sie somit unbrauchbar machen. Dabei solltest du allerdings sicher sein, dass deine Karte wirklich verloren gegangen ist und nicht irgendwo im Rucksack liegt. Ist deine Karte definitiv verloren oder gestohlen, musst du sie sofort sperren. Die meisten Banking-Apps besitzen eine temporäre und eine dauerhafte Sperrfunktion. Nutzt du keine Banking-App oder es gibt die Funktion nicht, kannst du die allgemeine Sperrnummer 116 116 anrufen.

Ist deine Karte gesperrt, solltest du eine Anzeige bei der örtlichen Polizei machen. Du bekommst dadurch deine Karte nicht wieder, bist aber bei Folgeschäden abgesichert. Dadurch hast du eine offizielle Bestätigung des Verlustes und hast bei unbekannten Abbuchungen einen Nachweis. Machst du keine Anzeige, kann es im schlimmsten Fall sein, dass du auf den Folgekosten sitzen bleibst.

Sobald deine Karte gesperrt ist und du eine Anzeige erstellt hast, kannst du bei deiner Bank eine neue Karte beantragen. Diese kannst du dir an eine deiner nachfolgenden Unterkünfte schicken lassen. Kläre das aber vorab mit der Unterkunft und mit deiner Bank ab. Zur Überbrückung der Zeit ohne Karte kannst du dir Bargeld von anderen Reisenden leihen und ihnen dieses per Überweisung direkt zurückerstatten.

> **Tipp:** Karte und PIN gehören nicht zusammen aufbewahrt. Wird dir deine Karte samt PIN gestohlen, muss deine Bank dir das Geld nicht ersetzen. Kannst du dir deinen PIN nicht merken, speichere dir lieber eine Telefonnummer, die den PIN enthält, ab. Das ist zwar auch durchschaubar, aber sicherer als ein Zettel mit der PIN neben der Karte. Max Mustermann 0178 / 123 **4513**

Smartphone verloren

Rufe sofort bei deinem Mobilfunkanbieter an und lass deine SIM-Karte sperren. Nutze dazu das Smartphone von anderen Reisenden oder frag bei deiner Unterkunft nach, ob du kurz telefonieren darfst. Die Telefonnummern zum jeweiligen Anbieter findest du im Internet, da es aktuell keine allgemeine Sperrnummer gibt. Sperrst du deine SIM-Karte nicht rechtzeitig, können teure Gebühren für Anrufe ins Ausland oder zu unseriösen Telefonnummern auf dich zukommen. Das zählt auch für Prepaid-Karten!

Nach dem Sperren deiner SIM-Karte wird dir dein Mobilfunkanbieter eine neue zukommen lassen. Dies dauert in der Regel länger als eine Woche und ist daher sehr unpraktisch. Kaufe dir lieber ein günstiges Handy samt Prepaid-Karte vor Ort und nutze dies bis zum Ende deiner Reise. Du kannst die SIM-Karte durch die europäischen Gesetze ohne weitere Gebühren in ganz Europa nutzen. Mehr zur SIM-Karten Nutzung erfährst du im Kapitel Telefon & Internet.

> **Tipp:** Nutzt du ein iPhone, kannst du via iCloud alle deine Daten vom Smartphone löschen lassen. Bei anderen Herstellern weiß ich leider nicht, ob diese eine ähnliche Funktion besitzen.

Sicherheit für Frauen

Ich bin zwar ein Mann, habe aber während meinen Reisen viel mit Frauen über das Thema Sicherheit gesprochen. Daher hier die Zusammenfassung meiner Erfahrungen von alleinreisenden Frauen. Europa ist grundsätzlich ein sehr sicheres Reisegebiet für Frauen und es gelten grundsätzlich die gleichen Sicherheitsregeln, wie auch in deinem Heimatland.

Nein sagen – Nein sagen lernen und es deutlich vermitteln. Es gibt immer wieder Männer, die sehr aufdringlich sind. Sagst du ihnen nicht klar und deutlich nein, wirst du diese Art von Menschen leider nicht los. Setze klare Grenzen und nutze das Wort „Nein", denn ein zögerliches eher nicht oder ungern, wird von solchen Menschen oft als indirektes „Ja" empfunden. Das MUSST du üben, da du sonst in sehr unangenehme Situationen kommen kannst.

Kleidung – Ziehe möglichst nicht zu knappe Kleidung an. Klar, muss es nicht sein, dass du wegen deiner knappen Kleidung direkt von irgendwelchen Männern angemacht wirst. Allerdings ist die Wahrscheinlichkeit größer, wenn du bauchfrei im Minirock durch die Stadt läufst. Das gilt vor allem, wenn du allein unterwegs bist.

Lügen – Hilft dir in einigen Situationen weiter. Ob du

einen Freund hast oder nicht spielt keine Rolle. Bist du dir über die Absichten eines Mannes nicht sicher, erzähle von deinem Freund und dass dieser gleich nachkommt oder auf dich wartet. Das schreckt viele bereits ab und du hast deine Ruhe. Den Trick habe ich selbst bei aufdringlichen Frauen genutzt und er funktioniert wunderbar.

Frauenschlafsäle – Fast alle Hostels bieten Frauen-schlafsäle an und dir somit eine gewisse Sicherheit. Männer haben hier keinen Zutritt und sie sind meist näher an der Rezeption. Mir selbst sind zwar in den vielen Jahren kaum heikle Geschichten aus Schlafsälen zu Ohren gekommen, aber sicher ist sicher.

Um Hilfe bitten – Bist du in einer heikelen Situation, spreche andere Menschen an. Die meisten helfen nicht, weil sie denken, dass ja genug andere da sind und am Ende hilft niemand. Sprichst du jemanden direkt an, erhältst du auch Hilfe.

Dunkelheit – Halte dich nachts nicht allein draußen auf. Musst du noch spät einkaufen gehen, frage einfach jemanden, ob er dich begleitet. Willst du auf einen Pubcrawl oder eine Party gehen, kläre vorab, wer dich auf dem Rückweg begleitet. Es gibt immer jemanden, der zur gleichen Zeit zurück gehen möchte.

Outdoor Sicherheit

Bären & Wölfe – Ja, es gibt Bären und Wölfe in Europa. Allerdings nicht sonderlich viele und nur an abgelegenen Orten. Hauptsächlich gibt es Bären in Skandinavien und in der Balkan Region. Wölfe kommen überall in Europa vor. Solltest du Wanderungen in Bergregionen oder tiefe Wälder machen, kann es mit einer sehr geringen Wahrscheinlichkeit passieren, dass du einen Wolf oder Bären siehst. Dann solltest du versuchen, möglichst weit Abstand zu halten. Beim Camping kann das schon anders aussehen, da hungrige Bären deine mitgebrachten Lebensmittel riechen und angelockt werden. Grundsätzlich besteht aber keine Gefahr von Bären oder Wölfen. In den jeweiligen Regionen wird oftmals mit Warnschildern darauf hingewiesen, wie du dich bei einer Sichtung verhalten sollst.

Landminen – Ja, es gibt eine ganze Menge Landminen in Europa, genauer gesagt in Kroatien und der Balkan Region. Am stärksten betroffen ist Bosnien-Herzegowina, es besteht allerdings keine Gefahr für dich. Die verminten Gebiete liegen außerhalb der Reiseregionen und sind zusätzlich beschildert.

9. Gesundheit

Es kann schnell passieren, dass du einen Unfall während deiner Reise hast. Beim Straßenüberqueren nicht aufgepasst oder beim Wandern abgerutscht. Zum Glück hat Europa ein sehr gutes Gesundheitssystem, das dich absichert. Trotzdem solltest du immer vorrausschauend handeln. Der Straßenverkehr ist beispielsweise nicht überall so zivilisiert und es wird sehr uneinsichtig gefahren. Handle dann lieber mit größerer Vorsicht. Gleiches gilt für Outdoor-Aktivitäten. Bist du beispielsweise noch nie wandern gewesen, macht eine einfache Route mehr Sinn als eine extreme für Bergprofis. Das zweite Beispiel habe ich gewählt, weil ich vor einem Wanderweg eine Liste mit toten Backpackern gesehen habe, die allesamt auf dieser Route gestorben sind. Darüber stand der Warnhinweis: Diese Route ist nicht für Anfänger und wird immer wieder überschätzt. Trotz des Schildes war die letzte Anzeige gerade mal ein Jahr alt.

Notfall Telefonnummern

Bei einem Unfall oder anderem Notfall gilt es, Ruhe zu bewahren und die 112 anzurufen. Die Telefonnummer verbindet dich europaweit mit Polizei, Rettungsdienst oder Feuerwehr. Bei der Notrufstelle die W-Fragen beantworten: Wer ruft an? Was ist passiert? Wo ist es passiert? Wie viele Menschen sind betroffen? Auf Rückfragen warten!

Europäische Gesundheitskarte

Die europäische Gesundheitskarte (EHIC - European Health Insurance Card) versichert dich grenzübergreifend und du kannst damit in der EU sowie einigen weiteren europäischen Staaten medizinische Leistungen erhalten. Hast du einen Unfall oder akute Beschwerden besteht ein Anspruch auf medizinische Leistung. Dafür gehst du einfach zum Arzt und legst die Karte wie gewohnt vor und lässt dich behandeln. Deine Krankenkasse übernimmt dann die Kosten für dich. Solltest du einen Betrag in bar vorstrecken müssen, kannst du diesen nachträglich bei deiner Krankenkasse einreichen.

Die Gesundheitskarte befindet sich in der Regel auf der Rückseite deiner Versichertenkarte. Du musst sie also nicht extra beantragen. Ich selbst wusste das nicht und musste beim Arzt in Schweden ganze 160€ bezahlen. Meine Krankenkasse hat mir das Geld zwar im Nachhinein erstattet, aber ich musste alles vorstrecken. Wäre ich einfach so zum Arzt gegangen, ohne akute Beschwerden, hätte ich das Geld nicht wiederbekommen. Das gilt beispielsweise auch bei chronischen Krankheiten oder bei Krankheiten mit besonderer medizinischer Überwachung. Das musst du vorab mit deiner Krankenkasse abklären.

Hier gilt die EHIC:

- Belgien
- Bulgarien
- Dänemark
- Estland
- Finnland
- Frankreich
- Griechenland
- Grönland
- Großbritannien
- Irland
- Island
- Italien
- Kroatien
- Lettland
- Liechtenstein
- Litauen
- Luxemburg
- Malta
- Montenegro
- Niederlande
- Mazedonien
- Norwegen
- Österreich
- Polen
- Portugal
- Rumänien
- Schweden
- Schweiz
- Serbien
- Spanien
- Slowakei
- Slowenien
- Tschechien
- Ungarn
- Zypern

Auslandskrankenversicherung

Eine Auslandskrankenversicherung ist für eine Interrail-Tour in der Regel nicht notwendig. Es sei denn, du reist in die Türkei oder andere Länder, die nicht von der EHIC-Gesundheitskarte abgedeckt sind. Die hier aufgelisteten Länder beziehen sich auf den gesamteuropäischen Raum und sind vollständigkeitshalber aufgeführt.

- Andorra
- Antillen
- Britische Kanalinseln
- Färöer-Inseln
- Isle of Man
- Kosovo
- Monaco
- San Marino
- Svalbard
- Türkei
- Vatikanstaat

Bei kurzen Reisen in diese Länder von unter 56 Tagen reicht eine einfache Reisekrankenversicherung aus, was auf wahrscheinlich alle Interrail-Reisen zutrifft. Solltest du jedoch länger reisen wollen, ist eine Langzeitversicherung notwendig. Mit dieser kannst du länger als 56 Tage reisen und bist weltweit versichert. Ich selbst bin seit Jahren bei der Hanse Merkur versichert und hatte nie Probleme damit. Die Rückerstattungen erfolgen schnell und der Service ist sehr gut.

⟹ Backpacker-Dude.com/BUCH/Versicherung *

Impfungen & Vorsorge

„Impfungen gehören zu den wichtigsten und wirksamsten präventiven Maßnahmen, die in der Medizin zur Verfügung stehen, um sich vor einer ansteckenden Krankheit zu schützen. Moderne Impfstoffe sind gut verträglich und unerwünschte Arzneimittelnebenwirkungen werden nur in seltenen Fällen beobachtet. Schutzimpfungen haben nicht nur eine Wirkung auf die geimpften Personen (Individualschutz), sondern können indirekt auch nicht geimpfte Menschen vor einer Erkrankung schützen, da sie die weitere Verbreitung einer Infektionskrankheit stoppen oder verringern (Gemeinschaftsschutz)“. Das sagt das Bundesministerium für Gesundheit und daher ist es vor deiner Reise sinnvoll zu deinem Hausarzt zu gehen. Dieser kann deine Impfungen überprüfen und auffrischen. Grundsätzlich gilt, dass du für deine Reise keine extra Impfungen benötigst, diese aber auf dem aktuellen Stand sein sollten. Das Bundesgesundheitsministerium empfiehlt:

- Poliomyelitis
- Masernimpfung
- Diphtherie (alle 10 Jahre auffrischen)
- Tetanus (alle 10 Jahre auffrischen)
- Pertussis (alle 10 Jahre auffrischen)

Optionale Impfungen

Hepatitis A – Kann überall durch verunreinigtes Trinkwasser, kontaminierte Lebensmittel oder als Schmierinfektion übertragen werden. Hepatitis A tritt in den gemäßigten Breiten, also auch Europa auf. Die Impfung wird von den meisten Krankenkassen übernommen.

Hepatitis B – Durch sämtliche Körperflüssigkeiten kann Hepatitis B, die häufigste Virusinfektion, übertragen werden. Gehörst du einer Risikogruppe an oder reist außerhalb von Europa, kann eine Impfung Sinn machen. Die Impfung muss bei manchen Krankenkassen selbst bezahlt werden.

Tollwut – In der Balkan Region herrscht ein höheres Tollwutrisiko als in Zentraleuropa. Solltest du in diese Region reisen, kann eine Impfung Sinn machen. Eine vollständige Tollwutimpfung, bestehend aus drei Impfungen, kostet dich um die 200€ und hält 5 Jahre.

Welche dieser Impfungen Sinn machen, kannst du zusammen mit deinem Hausarzt entscheiden.

10. Praktische Tipps

Es gibt viele gute, aber auch einige unsinnige Tipps fürs Reisen. Du wirst schnell merken, welche Tipps für dich sinnvoll sind und welche nicht. Ich habe mich daher hier auf meine wichtigsten Tipps beschränkt. Triffst du in den Unterkünften andere Reisenden, kannst du diese nach lokalen Tipps fragen: Vielleicht gibt es Museen, die an bestimmten Tagen freien Eintritt haben.

Interrail-Gruppen – Trete allen für dich relevanten Interrail-Gruppen bei Facebook bei, damit du immer auf dem Laufenden bist. Dort kannst du nach Tipps für die jeweilige Stadt fragen, Reisepartner suchen oder dich mit anderen Interrailern über Zugverbindungen austauschen.

- Interrail Travellers Official
- Interrail Travelers
- #DiscoverEU Official

Sprachbarrieren – Zugegeben fast alle jüngeren Europäer sprechen gutes Englisch. Ist dein Englisch deiner Meinung nach nicht sonderlich gut, spielt das keine Rolle. Du musst auf deiner Reise keine Prüfung bestehen. Außerdem wirst du dich schnell an das Englisch-Sprechen gewöhnen, versprochen! Ich selbst habe bei meinem ersten Backpacking-Abenteuer sehr schlechtes Englisch gesprochen und wusste nicht einmal, dass das Wort „Accommodation" im deutschen „Unterkunft" bedeutet. Mittlerweile spreche ich sehr gutes Englisch, ohne dass ich jemals wieder in ein Englisch-Buch geschaut habe.

Neben Englisch hilft es aber immer, ein paar Wörter oder Sätze in der jeweiligen Landessprache zu können. Das schafft bei Fremden eine gewisse Art von Nähe und ist sehr hilfreich. Die wichtigsten Wörter kannst du im Internet nachschauen oder du lädst dir eine App aufs Handy.

- Duolingo.com
- Babbel.com

Telefon & Internet – Das im Juni 2017 in Kraft getretene europäische Gesetz zu Daten-Roaming ermöglicht dir, deinen Heimattarif beizubehalten. Du kannst also deine Freiminuten und das Datenvolumen weiterhin nutzen. Dabei spielt es keine Rolle in welchem europäischen Land du dich aufhältst, sondern nur wie lange. Je nach Anbieter sind mindestens zwei Monate problemlos möglich und erst danach muss der längere Auslandsaufenthalt begründet werden.

Fast alle Unterkünfte und Restaurants bieten zusätzlich Wifi-Hotspots an, mit denen du 30 Minuten oder länger surfen kannst. Zusätzlich gibt es eine ganze

Menge kostenloser Hotspots in allen größeren Städten. Diese kannst du mittels einer der aufgeführten Apps schnell finden.

⟹ wifimap.io

⟹ wefi.com/wefi-app

Ich kenne es von mir selbst, dass ich zu oft am Smartphone sitze und mir damit irgendwie meine Reisezeit kaputt mache. Damit dir deine Reise noch lange und vor allem positiv in Erinnerung bleibt, lass dein Smartphone öfters mal aus. Hast du dich verlaufen, schaue nicht direkt nach, sondern frage einfach andere Menschen oder erkunde die neuentdeckte Gegend.

Offline Karten – Mit dem Internet verbunden, hast du den Zugriff auf sämtliche Karten. Du solltest aber auch für Funklöcher oder sonstige schlechte Verbindungen gewappnet sein. Am beliebtesten ist dabei die App „MapsMe", da du dir die jeweilige Landeskarte runterladen kannst und diese dann immer offline dabeihast.

⟹ mapsme.de

⟹ maps.google.de

⟹ wego.here.com

Tipps für Zugfahrten

Interrail-App nutzen – Die beinhaltet alle Zugverbindungen, die du nutzen kannst und das Ganze sogar offline. In der Interrail-App kannst du außerdem die Züge nach Reservierungspflicht filtern und somit günstiger reisen. Der einzige Nachteil der App ist, dass dir keine Verspätungen oder Zugausfälle angezeigt werden. Dies kannst du aber online bei der jeweiligen Bahngesellschaft erledigen.

Entspannt Zugreisen – Alle paar Tage mit dem Zug unterwegs zu sein kann anstrengend werden. Klar macht es Spaß, sich die vorbeirauschende Landschaft anzuschauen, aber irgendwann wird es dann doch mal langweilig oder das Sitzen nervt. Damit dir das nicht passiert, findest du in diesem Kapitel alle wichtigen Informationen für ein entspanntes Zugreisen.

- **Pünktlichkeit** – Rechtzeitig am Bahnhof zu sein, erspart dir nicht nur Stress, sondern auch mögliche Umplanungen deiner Route. Hast du eine passende Route gewählt und vielleicht sogar reserviert, gibt es nichts Ärgerlicheres als den entsprechenden Zug zu verpassen.
- **Buch & Reiseführer** – Ein gutes Buch und ein guter Reiseführer sollten auf gar keinen Fall auf deinen Zugfahrten fehlen. Du kannst dir damit

deine Reisezeit gefühlt verkürzen und erhältst neuen Input.

- **Hörbuch & Podcasts** – Ein gutes Hörbuch oder ein Podcast ist wie ein gutes Buch. Du kannst damit in andere Welten abtauchen oder dich sogar über das kommende Reiseziel informieren, da es viele Reisehörbücher oder Podcasts zu deinen Reisezielen gibt.
- **Panoramastrecken** – Wählst du vor deiner Abfahrt eine der vielen Panoramastrecken, hast du eine entspannte Fahrt, da die Aussicht nochmals schöner ist. Eine schöne Zugstrecke ist ein absolutes Erlebnis für jede Interrail-Tour.
- **Reiseverlauf planen** – Du hast sicherlich schon dein nächstes Reiseziel im Kopf und kannst ganz entspannt im Zug deine Route dorthin planen. Dabei hilft dir die kostenlose Interrail-Karte oder die Interrail-App.
- **Gespräche** – Ob du allein oder mit Reisepartner reist, ein gutes Gespräch ist schnell gestartet. Einfach beim Hinsetzen deinen Sitznachbarn begrüßen und herausfinden, ob er Lust zum Reden hat.
- **Fotos sortieren** – Du kannst die Zugfahrt nutzen um deine bisherigen Fotografien zu sortieren. Das musst du dann nicht alles nach deiner Rückkehr machen.

- **Im Speisewagen essen** – Das Essen ist hier besser als ich immer gedacht habe. Gerade in Osteuropa und im Balkan sind die Preise sehr günstig und es gibt eine große Auswahl leckerer Speisen.
- **Reisetagebuch schreiben** – Ein Tagebuch ist die schönste Möglichkeit Ort und Erinnerungen festzuhalten, die du vielleicht vergessen hättest.
- **Bequeme Kleidung** – Gerade bei sehr langen Fahrten ist bequeme Kleidung schon fast ein Muss, da du dich im Zug selbst nicht gut umziehen kannst.
- **Kopfkissen mitnehmen** – Wenn du im Zug schlafen möchtest, kann ein Kopfkissen sehr nützlich sein. Um wenig Platz zu verschwenden kannst du ein aufblasbares Kissen mitnehmen oder einfach einen weichen Pullover.
- **Nachtzüge nutzen** – Mein absoluter Favorit für sehr lange Strecken sind Nachtzüge. Es fällt zwar eine kleine Extragebühr an, dafür vergeht aber die Fahrt wie im Flug.

Der 19-Uhr-Trick – Dieser Trick funktioniert leider nicht mehr. Mit diesem war es möglich ab 19 Uhr einen Interrail-Zug zu nehmen und damit nur einen Reisetag, nämlich den nachfolgenden, als Reisetag zu nutzen. Gerade bei Nachtzügen war das eine optimale

Möglichkeit, sich einen Reisetag zu sparen. Der ein oder andere Backpacker wird dir immer noch erzählen, dass dieser Trick funktioniert. Das stimmt allerdings so nicht mehr!

Laut der neuen Regelung benötigst du für eine Fahrt mit dem Nachtzug, einen kompletten Reisetag. Fährt der Nachtzug am 14. April um 22 Uhr los und kommt am 15. April um 8 Uhr an, ist das ein Reisetag in deinem Interrail-Pass. Möchtest du beispielsweise am 15. April noch woanders hinfahren, ist dafür ein weiterer Reisetag notwendig.

Reisetage ergänzen – Wenn du feststellst, dass dein Interrail-Kontingent nicht ausreicht, fügst du ganz einfach ein paar Reisetage hinzu. Dafür kannst du einige Strecken mit einem anderen Ticket fahren. Günstige Alternativen sind zum Beispiel der FlixBus oder eine Mitfahrgelegenheit. Am besten funktioniert das bei kurzen Verbindungen, da du mit dem Interrail-Pass lieber die teureren, langen Verbindungen fahren solltest. Vielleicht ergibt sich auch die Möglichkeit, einen Teil deiner Route zu trampen. Dieser Tipp funktioniert im südlichen und östlichen Europa sehr gut.

Tipps für Sparsame

Interrail-Ticket gewinnen – Bist du noch 17 oder gerade erst 18 geworden? Dann hast du die Möglichkeit, einen Interrail-Pass zu gewinnen und 30 Tage lang kostenlos durch Europa zu reisen. Eine Teilnahme ist sogar als Gruppe mit bis zu fünf Personen möglich. Dies muss lediglich bei der Anmeldung angegeben werden. Die Kosten für Verpflegung und Unterkunft musst du zwar selbst tragen, aber dafür hast du keine extra Kosten für das Ticket. Folgende Voraussetzungen sind für die Verlosung notwendig:

- Du bist 18 Jahre alt oder wirst es demnächst
- Du bist EU-Bürger der 28 Länder
- Du hältst die Bewerbungsfrist ein
- Du wirst DiscoverEU Botschafter/in
- Du reist bis zu 30 Tage durch Europa

Wie du bei der Anmeldung genau vorgehen musst, erfährst du in meinem ausführlichen Beitrag dazu. Wann die nächste Verlosung stattfindet, steht auf der Website von DiscoverEU.

> ⇒ Backpacker-Dude.com/Interrail-Ticket-gewinnen
> ⇒ Backpacker-Dude.com/BUCH/DiscoverEU

Ohne Reservierung reisen – Nur 6% aller Interrailer reisen, ohne überhaupt eine einzige Reservierung gemacht zu haben. Der Vorteil daran ist, dass keine extra Kosten auf dich zukommen und du sparsam reist. Der Nachteil hingegen, dass du auf Hochgeschwindigkeitszüge verzichtest und auf langsamere Zugverbindungen umsteigst. Mit einer guten Planung und dem geeigneten Reiseland ist es möglich, ganz ohne Reservierung auszukommen.

Free Walking Tours – Eine gute Möglichkeit für eine kostenlose Stadtführung sind Free Walking Tours. Dabei wird dir die Stadt mit all ihren interessanten und historischen Orten gezeigt und am Ende „bezahlst" du den Tourguide mit einem Trinkgeld. Die Free Walking Touren sind sehr spannend, informativ und du erfährst einige Fun Facts über die Stadt.

Sollte dir eine Tour nicht gefallen, ist das kein Problem, denn du kannst sie einfach verlassen und bist niemanden etwas schuldig. Hat es dir gefallen, sind drei bis fünf Euro ein angemessenes Trinkgeld für den Tourguide. Ich selbst habe bereits in vielen europäischen Städten an diesen Führungen teilgenommen und war stets begeistert.

Die Tourguides geben dir am Ende immer noch Tipps für Restaurants oder Orte, die dich interessieren könnten. Die Free Walking Tours findest du, wenn du

auf Google nach „Free Walking Tour + Stadtname"
suchst. In Westeuropa ist „Sandemans New Europe"
führender Anbieter und in Osteuropa „Free
Walkative".

⇒ neweuropetours.eu

⇒ freewalkingtour.com

⇒ freetoursbyfoot.com

Günstige Reiseländer – Die 31 teilnehmenden
Interrail-Länder unterscheiden sich stark in den
Reisekosten. Während du am Balkan für ein paar Euro
eine Unterkunft bekommst, musst du in Skandinavien
das bis zu fünffache pro Übernachtung zahlen. Anders
gesagt: Du kannst mit der gleichen Menge an Geld, in
dem einen Reiseland eine Woche und dem anderen
einen ganzen Monat reisen. Das meiste Geld sparst du
in Osteuropa und in der Balkan Region. In diesen
Ländern musst du meistens auch keine Reservierungen
buchen und sparst dir damit erneut einige Euros.

Günstige Unterkünfte – Wenn du dich für ein teures
Reiseland entschieden hast, gibt es noch die
Möglichkeit Geld bei der Unterkunft zu sparen.
Entweder buchst du günstige Hostels, die eher am
Stadtrand liegen oder du versuchst Couchsurfing.
Hostels am Stadtrand sind meist deutlich günstiger,
dafür musst du etwas Fußweg einplanen, wenn du ins
Zentrum willst. Couchsurfing ist kostenlos und du

lernst den jeweiligen Ort durch einen Local kennen, der dort bereits länger wohnt. Egal für was du dich entscheidest, die Hauptsache ist, dass du dich dabei wohl fühlst. Für die Buchungsplattformen veröffentliche ich regelmäßig die aktuellen Aktionen zum Geldsparen. Solltest du auf die reguläre Website weitergeleitet werden, gibt es derzeit keine Aktion.

⇒ Backpacker-Dude.com/BUCH/Airbnb *

⇒ Backpacker-Dude.com/BUCH/Booking *

Kostenlose Museumsbesuche – Einige Museen bieten dir an bestimmten Tagen im Monat kostenlosen Eintritt. Welche Museen und Tage das sind, erfährst du in deiner Unterkunft oder von den Tourguides der Free Walking Tours. In Frankreich sind beispielsweise den 1. Sonntag im Monat alle Eintritte im Museum frei. Bist du 25 oder jünger, kannst du jeden Tag kostenfrei in französische Museen gehen. Dafür musst du lediglich deinen Ausweis vorzeigen und schon erhältst du ein Freiticket.

Wasserflasche mitnehmen – Eine wiederauffüllbare Flasche spart sehr viel Geld, da du dir kein teures Wasser kaufen musst. Das Leitungswasser ist dank europäischer Gesetze überall trinkbar. Daher lieber kostenlos auffüllen und Geld sparen anstelle von Supermarkt suchen und für jeden Tropfen Wasser bezahlen.

Kostenlose Reisekreditkarte – Im Ausland Geld abheben kann schnell teuer werden. In den meisten europäischen Ländern kannst du zwar deine EC-Karte nutzen, dabei fallen aber in vielen Fällen hohe Gebühren an. Die Kosten können beim Geld abheben oder beim Bezahlen mit der Karte entstehen. Diese Gebühren werden schnell vernachlässigt und machen am Ende deiner Reise einen großen Betrag aus.

⇒ Backpacker-Dude.com/BUCH/DKB *

⇒ Backpacker-Dude.com/BUCH/Vergleich

Interrail Vorteile nutzen – Einer der größten Spartipps bei deiner Reise sind die zusätzlichen Vorteile des Interrail-Passes. Mit diesem kannst du vergünstigt Bus- und Fährverbindungen nutzen, erhältst Ermäßigungen bei Museen und sogar in ausgewählten Unterkünften. In Kombination mit dem oben genannten ISIC-Ausweis hast du somit an vielen Orten ein großes Einsparpotenzial. Nutze die angebotenen Rabatte nur nicht zwanghaft aus, da diese dich auch schnell verführen können. Eine Hostelnacht für 15€ ist immer noch günstiger als eine Hostelnacht für 20€ mit 20% Rabatt!

Tipps fürs Kochen

Beim Reisen kommt das Kochen leider immer etwas kurz, obwohl es die beste Möglichkeit ist, andere Reisende kennenzulernen und günstiger über die Runden zu kommen. Ich selbst habe beim Reisen sehr viele Bekanntschaften durchs Kochen gemacht und somit auch Reisepartner für die nächste Etappe kennengelernt. Daher folgt hier eine Auflistung einiger Rezepte, die du schnell und einfach unterwegs machen kannst, sowie Tipps zum Überleben in der Hostelküche.

Wochenmärkte nutzen – Länderbedingt können Restaurants sehr teuer sein. Dann solltest du lieber selbst kochen und auf Backpacker Rezepte zurückgreifen. Fast alle Städte haben kleine Wochenmärkte, auf denen es günstig Obst, Gemüse und weitere Zutaten gibt. Wenn die Wochenmärkte schließen, werden die Preise meist nochmals gesenkt, daher kann es sich lohnen spät einzukaufen.

Pancake Rezept – Mein absolutes Highlight-Rezept, da es sehr schnell mit wenig Zutaten gemacht ist und bei allen Reisenden beliebt ist. Die Backpacker Pancakes benötigen nur drei Zutaten, die einfach miteinander verrührt werden. Anschließend in eine leicht geölte Pfanne geben und mit der Beilage deiner Wahl genießen.

- 1x Tasse Mehl
- 1x Tasse Milch
- 1x Ei oder Banane

Zum Frühstück eignet sich Ahornsirup, Marmelade oder Nutella. Bleiben Pancakes übrig, kannst du diese als Snack für unterwegs mitnehmen oder abends mit Käse, Hummus oder Avocadocreme essen. Lebst du vegan, kannst du die Milch durch eine pflanzliche Alternative oder Mineralwasser und das Ei durch eine Banane ersetzen. Magst du die Pancakes lieber fluffig, ergänzt du einfach etwas Backpulver.

One-Pot-Pasta Rezept – Dieses Rezept wurde definitiv von Backpackern entwickelt, denn es wird super simpel in nur einem Topf gekocht. Dafür schneidest du einfach alle Zutaten klein, kochst diese zusammen mit den Nudeln im Topf und servierst sie auch anschließend daraus. Fehlt etwas Wasser, kannst du das ergänzen und sobald die Nudeln al dente sind, ist dein Essen fertig.

- 250g Spaghetti
- 1 Zwiebel
- 1 Knoblauchzehe
- 100g Champignons
- Einige Cocktailtomaten
- 1 Dose passierte Tomaten

- Salz, Pfeffer und Oregano
- 0,5 Liter Wasser
- 1 Brühwürfel

Dieses Rezept beinhaltet zwar eine Menge Zutaten, von denen jedoch alle optional sind und du Zutaten weglassen oder ergänzen kannst. Wie wäre es beispielsweise mit einer Zucchini oder Aubergine? Oder mit einem regionalen Gewürz? Dir sind beim Kochen keine Grenzen gesetzt.

Curry Rezept – Bei dem Rezept handelt es sich um ein sehr einfaches und vielseitig kochbares Curry für unterwegs. Bei der Zubereitung können weitere Zutaten nach Belieben verwendet werden, je nachdem was du gerade zur Hand hast.

- 2 Möhren
- 1 Dose Kichererbsen
- 1 Dose Kokosmilch
- 250g Hühnerbrust, Rindfleisch oder Tofu
- rote Curry-Paste
- Salz & Pfeffer
- Jasmin Reis

Optional

- grüne Bohnen
- rote Paprika

- Sojasprossen
- eine Zwiebel
- Chili-Schote

Das Fleisch oder den Tofu klein schneiden und in der Pfanne anbraten. Anschließend die Kichererbsen sowie das kleingeschnittene Gemüse hinzufügen und mit Kokosmilch ablöschen. Zum Schluss mit der roten Curry-Paste und etwas Salz und Pfeffer garkochen. Das Curry wird mit Reis serviert.

Hostelküchen – Beim Reisen musst du nicht nur kreativ beim Kochen sein, sondern auch die Tricks für Hostelküchen kennen. Ansonsten kann es dir schnell passieren, dass du nicht zum Kochen kommst oder dir dein leckeres Essen abhanden kommt.

- **Beschriften** – Beschrifte all deine Lebensmittel bevor du diese in irgendein Regal oder den Kühlschrank stellst. Hostelküchen werden regelmäßig gereinigt und unbeschriftete Lebensmittel werden oft weggeschmissen. Auf der Beschriftung sollte neben deinem Namen und deiner Zimmernummer auch dein Abreisedatum erkennbar sein. Reist du ab und vergisst deine Lebensmittel, können diese einfacher aussortiert werden. Am besten packst du all deine Lebensmittel in eine große Tüte, damit du nicht alles einzeln beschriften musst.

- **Kühlschrank** – In den Kühlschrank gehört nur hinein, was gekühlt werden muss. Ansonsten wird dieser zu voll und andere können nichts mehr hineinstellen. Im schlimmsten Fall bist du der Letzte, der die frische Milch und den Käse außerhalb des Kühlschranks lagern muss. Bleibt fertig gekochtes Essen übrig, kannst du dieses auf einen Teller tun und mit Frischhaltefolie im Kühlschrank verstauen. Töpfe und Pfannen im Kühlschrank werden direkt aussortiert.

- **Einfach kochen** – Je simpler die Rezepte sind, desto weniger Zutaten brauchst du und umso weniger musst du mit dir rumschleppen. Nutze daher einfache Rezepte und kaufe nur das ein, was du auch in den nächsten zwei Tage verbrauchen wirst.

- **Saubere Küche** – Die Küche sauber zu hinterlassen, klingt zwar etwas komisch, aber sobald der erste Backpacker die Küche unordentlich hinterlässt, fangen die Nachfolger an, das gleiche zu tun. Auch wenn die Küche regelmäßig gereinigt wird, solltest du selbst immer versuchen, diese sauber zu hinterlassen.

Tipps für Abenteurer

Kleinere Städte entdecken – Natürlich gibt es einen Grund warum bestimmte Städte bei Reisenden so beliebt sind. Paris bietet den Eiffelturm, Venedig die Gondelkanäle oder Rom das Kolosseum. Das sind alles interessante Städte und definitiv eine Reise wert. Jedoch bieten dir auch kleinere Orte viele Möglichkeiten und Erlebnisse abseits der Touristenmassen. Ein Zwischenstopp in einem portugiesischen Fischerdorf, eine Wanderung in Albanien oder ein Festival in Rumänien, haben die meisten Reisenden noch nicht erlebt. Zudem sind die Unterkünfte dort meist günstiger und Couchsurfing ist deutlich einfacher. In kleinen Orten gibt es weniger Reisende und oft ein besseres Angebot an Gastgebern.

Lokale Spezialitäten erkunden – Während deiner Interrail-Tour kannst du Geld sparen, indem du lokal isst und öfters mal selbst kochst. Lokal zu essen hat sogar gleich zwei Vorteile: du lernst die Esskultur des Landes kennen und unterstützt die Restaurants vor Ort. Jedes Reiseziel hat seine eigenen Rezepte und geschmackliche Vielfalt. In Polen solltest du beispielsweise Piroggen probieren, in Schweden Köttbullar und in Spanien eine Paella.

Reisetagebuch & Blog

Während deines Interrail-Abenteuers erlebst du eine ganze Menge. Manches bleibt dir ein Leben lang im Kopf, anderes vergisst du leider wieder. Damit dir das nicht passiert, ist ein Reisetagebuch oder Blog die perfekte Möglichkeit, persönliche Erlebnisse festzuhalten. Ich selbst schreibe meine Erlebnisse auf, schaue mir diese regelmäßig an und freue mich immer wieder darüber.

Ein **Reisetagebuch** bietet dir die Möglichkeit deine Erlebnisse aufzuschreiben und sie mit persönlichen Gedanken und Bildern zu ergänzen. Zusätzlich kannst du Eintrittskarten einkleben oder andere Reisende können sich darin verewigen. Dazu eignet sich ein einfaches Notizbuch, Tagesplaner oder ein Reisetagebuch.

Ein **Blog** eignet sich, um deine Reise für dich und andere festzuhalten. Hier kannst du weniger persönliche Gedanken festhalten, dafür aber deine Geschichten mit Familie und Freunden teilen. Schreibst du zusätzlich informativ, werden deine Beiträge vielleicht sogar auf Google gelistet und du hilfst anderen Interrailern mit deinen Erfahrungen weiter.

11. Abschluss

Du hast jetzt alles Wichtige über Zugreisen durch Europa erfahren und weißt, was du für deine Reise benötigst. Mit diesen Vorbereitungen habe ich dir hoffentlich deine Ängste und Unsicherheiten genommen. Da du das Buch bis zum Schluss gelesen hast, hoffe ich, dass du dich für ein Abenteuer mit dem Zug durch Europa entscheidest und diesen Kontinent auf eine andere Art und Weise kennenlernst. Worauf wartest du also noch? Das Abenteuer wartet!

Ich wünsche dir eine atemberaubende Interrail-Tour mit vielen großen und kleinen Abenteuern, an die du dich dein Leben lang zurückerinnern wirst. Oder wie Mark Twain gesagt hat:

"Twenty years from now you will be more disappointed by the things you didn't do than by the ones you did do. So throw off the bowlines, sail away from the safe harbor. Catch the trade winds in your sails. Explore. Dream. Discover."

Fragen & Anmerkungen

Hat dir mein Buch gefallen, dann hinterlasse doch bitte eine ehrliche Bewertung auf Amazon. Hast du eine Frage oder Anmerkungen, die ich nicht im Buch beantworten konnte, dann schreib mir doch eine E-Mail an Frage@Backpacker-Dude.com. Ich werde dir zeitnah antworten, wenn ich nicht gerade selbst auf Reisen bin.

Danksagung

An dieser Stelle möchte ich mich bei all den Menschen bedanken, die mir dabei geholfen haben, dieses Buch zu schreiben. Durch euch ist es erst möglich geworden, diese Idee umzusetzen. Der Dank gilt vor allem Laura Idel, die das Buch lektoriert und Nik Neves, der die Covergestaltung übernommen hat. Außerdem bedanke ich mich bei Hannah, Manuel, Amadeus und Heike für ihr hilfreiches Feedback und bei all den Interrailern, die mich erst auf die Idee gebracht haben. Vielen Dank!

Gewährleistung

Alle Angaben in diesem Buch sind ohne Gewähr. Der Grund hierfür ist, dass jederzeit Änderungen von Preisen, teilnehmenden Ländern oder sonstigen Angeboten möglich sind. Ich halte dieses Buch trotzdem auf dem aktuellen Stand.

Bildnachweis

Amelies Erfahrungsbericht © Madeleine Ragsdale

Rubens Erfahrungsbericht © Clem Onojeghuo

Ninas Erfahrungsbericht © Simon Maage

Lenas Erfahrungsbericht © Seth Doyle

Unterkünfte Camping © Scott Goodwill

Routenbeispiel Skandinavien © Arvid Malde

Länderbeschreibung Schweden © Inès d'Anselme

Länderbeschreibung Prag © Julia Solonina

Länderbeschreibnung Rumänien © Haseeb Jamil

Länderbeschreibung Ungarn © Bence Balla-Schottner

Länderbeschreibung Türkei © Meriç Dağlı

Verlinkungen

Es ist eigentlich sehr unüblich, viele Links in ein Buch zu setzen, aber die fortschreitende Digitalisierung und immer wieder auftretende Aktualisierungen machen es notwendig. Aus diesem Grund nutze ich teilweise die Backpacker-Dude.com/BUCH/Links, weil ich diese jederzeit über meinen Reiseblog ändern kann. Du hast somit einfachere, meist kürzere Links und immer die aktuelle Website verlinkt.

Ein kleiner Teil der verwendeten Links sind Affiliate-Links. Das bedeutet, dass ich eine Provision für die über den Link gekauften Artikel erhalte. Bestellungen über diese Links werden dadurch nicht teurer und du hast dadurch auch keinen Nachteil. Alle verlinkten Versicherungen, Reisekreditkarten oder Interrail-Tickets nutze ich selbst und bin davon überzeugt. Sonst würde ich sie dir nicht empfehlen. Die Links erkennst du an dem kleinen Sternchen*.

Made in United States
North Haven, CT
07 April 2023

35157702R00083